Vente des 4 et 5 Mars 1903
(HOTEL DROUOT)

CATALOGUE
DE
LIVRES ANCIENS
RARES ET PRÉCIEUX

HEURES DE MARGUERITE DE ROHAN
COMTESSE D'ANGOULÊME

PROVENANT

DU CABINET DE M. M. TH***

PARIS

LIBRAIRIE HENRI LECLERC
219, RUE SAINT-HONORÉ, 219
ET 16, RUE D'ALGER

1903

CATALOGUE

DE

LIVRES ANCIENS

LA VENTE AURA LIEU

Les Mercredi 4 et Jeudi 5 Mars 1903

A 2 HEURES PRÉCISES

HOTEL DES COMMISSAIRES-PRISEURS, 9, RUE DROUOT

Salle N° 10

Par le Ministère de **Mᵉ MAURICE DELESTRE**, commissaire-priseur

5, RUE SAINT-GEORGES

Assisté de **M. HENRI LECLERC**, libraire

219, RUE SAINT-HONORÉ, 219

ET 16, RUE D'ALGER

Voir l'Ordre des Vacations à la fin du Catalogue

Les livres pourront être examinés à la Librairie Henri Leclerc, 219, rue St-Honoré, de 2 heures à 6 heures jusqu'au samedi 28 Février.

Exposition publique dans la salle de vente, le mardi 3 Mars, de 2 heures à 5 heures.

CONDITIONS DE LA VENTE

La vente se fait au comptant.

Les acquéreurs paieront 10 p. 100 en sus du prix d'adjudication.

Les livres vendus devront être collationnés sur place dans les vingt-quatre heures de l'adjudication. Passé ce délai, ils ne seront repris pour aucune cause.

M. Leclerc se réserve la faculté, dans l'intérêt de la vente, de réunir ou de diviser les numéros du catalogue. Il remplira les commissions qu'on voudra bien lui confier.

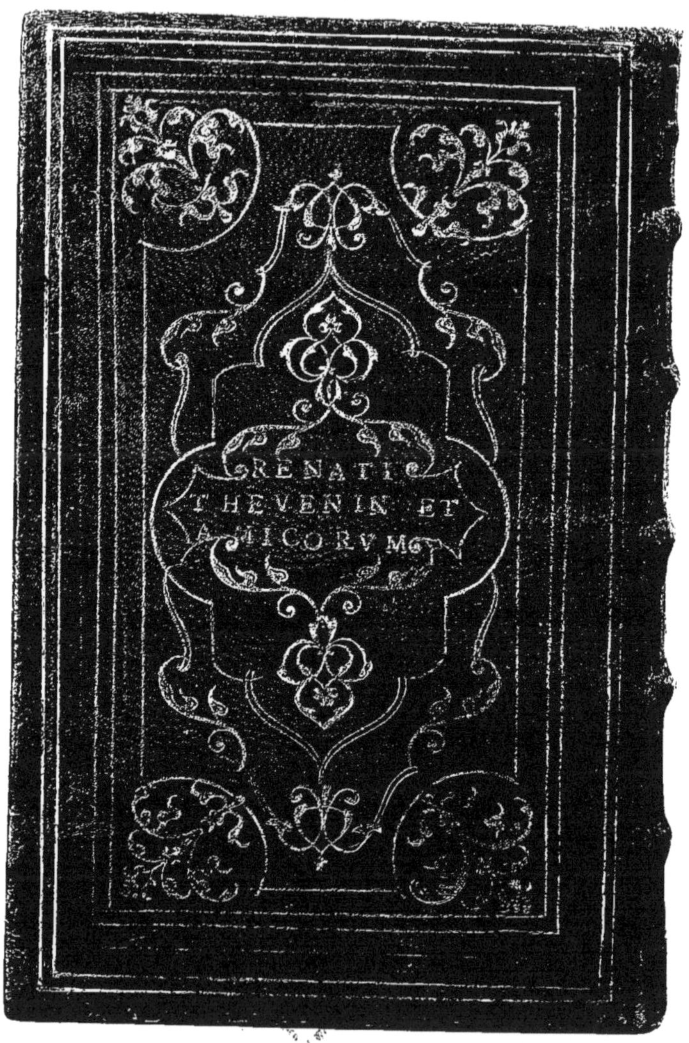

Phototypie Berthaud, Paris.

N° 100

CATALOGUE

DE

LIVRES ANCIENS

RARES ET PRÉCIEUX

HEURES DE MARGUERITE DE ROHAN

COMTESSE D'ANGOULÊME

PROVENANT

DU CABINET DE M. M. TH***

PARIS

LIBRAIRIE HENRI LECLERC

219, RUE SAINT-HONORÉ, 219

ET 16, RUE D'ALGER

1903

HEURES

DE

MARGUERITE DE ROHAN

COMTESSE D'ANGOULÊME

HEURES

DE

MARGUERITE DE ROHAN

COMTESSE D'ANGOULÊME

Un manuscrit écrit et enluminé au temps du roi Louis XI pour une princesse royale de France, bru de Valentine Visconti, grand'mère de François Ier, un livre exécuté aux environs de 1470, à la belle époque française, historié de quinze images, rubriqué d'or, ne peut être une œuvre ordinaire. Si l'on ajoute que le peintre y a montré les traits de la princesse en une merveilleuse miniature, que lui-même a fort probablement laissé soupçonner son nom dans une inscription inachevée, que les quinze « histoires » composées par lui sont autant de chefs-d'œuvre comparables aux plus définitives compositions de Jean Fouquet pour les *Heures* d'Etienne Chevalier, on aura dit ce qu'il est nécessaire pour placer le manuscrit à son rang dans la hiérarchie. Les *Heures* d'Anne de Bretagne, célèbres dans le monde entier, ont une supériorité seulement par le nombre des « histoires » et le luxe de la décoration. Chaque feuillet y a sa parure due à la collaboration de deux artistes, Poyet et Bourdichon; mais aussi tout y témoigne du goût un peu lourd et exagéré d'une personne riche, cossue, habituée à l'or, aux choses étoffées, on dirait à la prodigalité parvenue. Au contraire, le manuscrit dont nous allons parler s'annonce pour l'intimité, le calme, la prière du foyer. Lorsque, dans un inventaire après décès de la princesse, on le retrouve parmi d'autres objets, il est dans le coffre à linge. Il sert aux oraisons parce qu'il est discret, mais peu, parce qu'il est précieux (son étonnante conservation le prouve) et que certaines allusions graphiques fixent çà et là un souvenir.

Nulle part cependant un portrait du mari; une page est restée blanche qui peut-être l'attendait. La princesse est Marguerite de Rohan, comtesse d'Angoulême, le mari était Jean d'Orléans, fils du duc Louis d'Orléans, assassiné à la porte Barbette, et de Valentine Visconti.

Marguerite est la fille d'Alain IX de Rohan, comte de Porhoët qui épousa Marguerite, fille du duc Jean, de Bretagne. Comme celle-ci mourut en 1428, il faut admettre que sa fille naquit entre 1420 et 1428. Alain IX ne porta pas un long deuil; il se remaria deux fois. Sa seconde femme était de la maison de Lorraine Vaudémont; sa troisième, de la famille de Maillé. Il ne paraît pas avoir eu pour les enfants du premier lit une grande affection; les deux filles, Jeanne — et Marguerite, celle qui nous occupe — devinrent des jouets diplomatiques entre les mains de leur père; il les promettait à qui lui pouvait prêter aide ou alliance. C'est ainsi qu'après avoir fiancé Jeanne, l'aînée, au jeune comte d'Angoulême, Jean, alors prisonnier en Angleterre, il la maria au sire de Rieux, parce que Jean, prétendu incertain et éloigné, ne lui procurait aucun bénéfice immédiat.

L'histoire de Jean d'Orléans, le fiancé lésé, est une odyssée lamentable. Il a huit ans à peine, son père est mort depuis trois ans, lorsque son frère Charles d'Orléans, le futur poète de l' « *hyver a quitté son manteau* », etc., l'envoie en otage à Londres; il paie ainsi le secours fourni contre les Bourguignons. On est en 1412. De cette année jusqu'en 1444, pendant trente-deux ans, ce malheureux prince restera en Angleterre; son frère Charles l'y viendra rejoindre après Azincourt, mais les chaînes ne se desserreront point pour cela. C'est pendant les jours d'ennui que des parents ont « moyenné » l'alliance de Jean avec la fille « ainsnée de Porhoët » projet accepté, mais qui tomba, comme on l'a vu, par la fantaisie du père de la fiancée.

A son retour en France, dans le courant de 1444, Jean d'Orléans, comte d'Angoulême, a trop vécu en Angleterre pour n'y pas connaître les sanctions contre le *Breach of promise* et pour ne pas, en conséquence, demander réparation à Alain de Rohan. Celui-ci déplore peut-être ses faux calculs, d'autant qu'on l'appelle en Parlement, qu'on le serre de près, et que maintenant le comte est un très beau parti. Bref, l'histoire finit par le mariage du comte d'Angoulême avec la « fille pesnée de Porhoët », Marguerite, touchant alors à ses 29 ans. Elle fut, dans l'espèce, l'indemnité morale offerte au prince de quarante-cinq ans.

Ceci en 1449; le procès avait duré cinq ans. Marguerite se jugea, peut-être, un peu sacrifiée à des combinaisons politiques, encore que son alliance lui assurât le pas sur sa sœur aînée. Elle donna trois enfants au comte : le premier, Louis d'Orléans, mourut âgé de 3 ans; le second, Charles, fut comte d'Angoulême après la mort de son père en 1467; devenu gouverneur de Guyenne, il mourut âgé de 37 ans, un an après sa mère. Le troisième enfant était une fille, Jeanne, mariée en 1511 à Charles de Coetivy, sire de Taillebourg.

Pour mieux faire comprendre l'importance historique du personnage que fut Marguerite de Rohan, comtesse d'Angoulême, répétons qu'elle fut la bru posthume de Louis, duc d'Orléans et de la belle Valentine de Milan ; son beau-frère Charles d'Orléans fut le délicat poète du xve siècle français, prédécesseur de Villon, plus intellectuel que guerrier, en un siècle où le guerrier primait. Mais la descendance de Charles, c'est-à-dire celle de la branche aînée, s'en ira finir en quenouille avec Claude de France, fille de Louis XII, laquelle épousera François Ier, petit-fils de Marguerite de Rohan. Alors la suite des temps fera que cette femme un peu effacée, presque inconnue dans nos annales, aura été l'Ève d'où sortiront tous nos princes modernes. Elle sera la grand'mère du premier Valois-Angoulême, la bisaïeule de Henri II, la trisaïeule des trois derniers Valois. Par sa petite-fille, Marguerite de Valois, sœur de François Ier, fille de Charles et de Louise de Savoie, et mère de Jeanne d'Albret, elle sera aussi la trisaïeule du roi Henri IV, c'est-à-dire que d'elle sortiront tous les Bourbons d'Europe, ceux de France, ceux d'Espagne, ceux de Naples, y compris les Orléans modernes, dont le duc d'Aumale. Plus proche d'elle, quelles alliances encore ? Elle est belle-sœur de Marie de Clèves, femme du poète Charles d'Orléans (dont le roi Louis XI pensait tant de mal); elle est tante de Louis XII et d'Anne de Bretagne, dont elle est aussi grand'tante par les ducs de Bretagne; elle est belle-sœur de Marguerite d'Orléans, mariée au comte d'Étampes; elle est belle-sœur de la main gauche du bâtard d'Orléans, l'illustre Dunois, comte de Longueville. Sa bru, comme je l'ai dit, est cette femme d'esprit supérieur qui sera la régente Louise de Savoie; sa sœur Jeanne est mariée à Rieux, son autre sœur Catherine, épouse Jacques de Dinan, grand bouteiller de France, et ensuite le vicomte de Tartas, de la maison d'Albret, dont le petit-fils Henri devint roi de Navarre et fut grand-père de Henri IV; ce dernier descend donc à la fois des deux sœurs.

En vérité, connaissons-nous beaucoup de livres apportant à nos curiosités une somme aussi considérable de précisions historiques et groupant en quelques feuillets tant de faits épars, disjoints, étrangers, croirait-on, les uns aux autres? Joignons-y cette intéressante particularité, que le portrait de la princesse, aperçu au folio 113, se retrouve, aux côtés d'une dame — sans doute Marguerite d'Orléans grand'mère de la reine — au folio 298 du *Livre d'Heures* d'Anne de Bretagne, à la Bibliothèque nationale. On ne saurait dire plus.

II

Une question se pose dès l'abord, celle de la date approximative de l'œuvre et du nom de son auteur. Pour la date, le portrait de la princesse nous fournit quelques points de repère. Au plus que nous puissions lui donner dans son effigie, Marguerite de Rohan paraît toucher à la quarantaine; ce serait donc aux environs de 1460 qu'il faudrait reporter l'œuvre, car de diverses circonstances, la mort de sa mère en 1428 et la naissance des autres enfants, nous avons la présomption très forte qu'elle dut naître entre 1420 et 1425, au plus tard. Le costume de deuil qu'elle porte, et qu'on reconnaît pour un habit de deuil, semblerait reporter l'exécution du portrait après la mort du mari, Jean d'Orléans, qui survint en 1467, le 30 avril. La princesse, ayant alors de 45 à 50 ans, aurait donc été très rajeunie par son artiste, ce qui s'accorde assez avec les flatteries ordinaires des peintres. Mais il y aurait une explication à ce costume; c'est que la princesse eût été affiliée à un ordre religieux et eût porté un habit de nonne. Dans son *Livre d'Heures,* au Louvre, Catherine de Médicis apparaît en costume de clarisse; rien n'empêche Marguerite d'Angoulême d'avoir suivi les mêmes usages. De son temps les princesses portaient plus volontiers le deuil en « blancs atours », le noir était pour les hommes.

Cette explication nous permettrait de ramener la composition du livre un peu en arrière, antérieurement à la mort du comte qui l'a peut-être commandé lui-même au peintre et s'est modestement et volontairement oublié. Nous savons, par une note de M. Léopold Delisle dans le *Cabinet des manuscrits,* I, p. 148, que le comte avait demandé une paire d'Heures à Colinet de Merties, enlumineur parisien, en 1454. Mais, d'une part, M. Delisle ne dit pas expressément que le manuscrit fût peint ni, d'autre part, qu'il fût destiné à la princesse; le comte avait peut-être le sien. Divers indices de grande valeur combattent cependant l'opinion favorable à une date voisine de 1450-60, c'est le sentiment qu'on a, en parcourant le livre, de retrouver aux miniatures des réminiscences; les Heures d'Étienne Chevalier ont été vues par l'artiste, si cet artiste n'est pas Jean Fouquet lui-même. En vérité, lorsqu'on assemble un à un les poinis de contact, qu'on se tient à un examen, superficiel encore, mais cependant un peu plus poussé que n'est le feuilletage ordinaire, on est frappé de ressemblances incontestables dans le sentiment et la composition des scènes, les allures des personnages, les colorations. Le portrait de la princesse, s'il a plus de charme que n'ont d'ordinaire ceux de Jean Fouquet, procède du même art, recueilli et pieux, avec toutefois plus de délicatesse et de discrète coquetterie. Fouquet n'aurait pas fait cette Marguerite de Rohan, cette nonne à son oratoire, avec cette qualité d'expression. Mon confrère, le comte Paul Durrieu, nous révélait récemment une tête de vierge retrouvée par lui à La Haye[1]; c'est à la fois proche et loin du portrait de la princesse. *A priori*, l'attribution à Fouquet paraît peu admissible pour le livre de Marguerite de Rohan.

Il n'a pas manqué de gens pour démêler, dans les miniatures de ce livre, une influence flamande ou même néerlandaise. Ces opinions insoutenables procèdent d'idées fort anciennes, aujourd'hui surannées. Les Flamands non plus que les Italiens n'ont rien à voir en tout ceci; ce n'est ni leur façon d'exprimer, ni surtout leur façon de sentir et de comprendre. Nous savons, du reste, par le manuscrit de prières hollandais, autrefois chez Didot, ce que valent les miniaturistes hollandais et même flamands du XVe siècle : « On ne se douterait point, dit le rédacteur du catalogue Didot (vente du

1. *Deux miniatures inédites de Jean Fouquet*. Paris, 1902. Extrait de la Société des Antiquaires de France, t. LXI.)

17 juin 1882, p. 26), qu'on se trouve au temps et dans le voisinage des grands coloristes de l'école de Bruges. C'est même un fait curieux que cette infériorité de l'art hollandais, etc. ». Les « grands coloristes de l'école de Bruges » sont de grands coloristes parce qu'ils ont subi l'influence séculaire des grands coloristes de l'école française, lesquels ont donné à toute l'Europe le secret du charme et de la grâce. Donc, si les *histoires* du livre de Marguerite de Rohan sont d'une exécution et d'un esprit très à part, d'un coloris merveilleux, il n'est pas besoin d'invoquer les Brugeois. Tout concourt à nous indiquer la France du centre comme le pays d'origine; type des hommes, anthropométrie un peu courte, vigoureuse et trapue, physionomies rudes et bonnes, douceur sans mièvrerie des femmes; costumes et armures même s'accordent aux paysages, aux maisons, aux forteresses pour nous confirmer dans cette opinion. Les personnages y ont l'allure *Fouquettiste*, le calme, la sérénité, cette sorte d'isolement de l'être au milieu d'une scène, même tourmentée, qu'on relève si souvent dans les miniatures des *Heures* d'Étienne Chevalier, ou dans le *Josèphe* de la Bibliothèque nationale. La théorie, plusieurs fois soutenue par nous, que ces artistes s'inspiraient des mystères, de leurs acteurs, trouve ici une nouvelle confirmation. Les assistants à la mise en croix, ceux du prétoire, sont rangés sur une ligne; ils ont les bras croisés, la tête penchée, impassibles comme au théâtre. Et ceci, aussi bien dans Jean Fouquet que dans les *histoires* du manuscrit de Marguerite de Rohan. Dans ce livre, le moindre personnage est exécuté *sur la nature* et comme le peintre ne paraît disposer que de quelques modèles, les mêmes types réapparaissent en divers

rôles. Le Christ est un de ces artisans dont Oberammergau conserve encore la tradition, qui se font une tête pour les représentations ultérieures des mystères. Au temps de Louis XI, un homme à barbe serait une quasi-monstruosité, sans cette circonstance d'être acteur à ses moments perdus. Remarquons, en parcourant le livre, que c'est bien le même homme qui paraît fournir les figures diverses de Jésus; un garçon de trente ans environ, au front découvert, blond, avec de grands yeux bleus, ce qui a donné à certaines personnes l'idée d'une origine flamande. Mais rien n'est plus commun que ce Gaulois dans nos départements du centre; ce type fournit des blonds roux et non des blonds filasse comme les Belges. Les Christ de cette conception sont fréquents dans les œuvres de Jean Fouquet.

Le vieil homme destiné à figurer les saint Pierre dans les théâtres est ici dans des rôles divers. Ce sont là parfois de vieux pauvres qui, n'ayant peut-être pas le moyen d'acheter un rasoir, sont barbus par force ou encore par négligence. Celui qui a servi à notre peintre pour son saint Joseph de l'*Adoration des bergers* (fol. 30 v°) devient le Simon le Cyrénéen du *Portement de croix* (fol. 56 v°), un soldat de la *Mise en croix* (fol. 56 v°). Certain guerrier glabre, au nez long, apparaît en divers endroits. C'est entièrement le système de Jean Fouquet, naturaliste convaincu, dont les moindres figures sont directement interprétées d'après le modèle vivant, encore que l'on sente parfois chez lui plus d'intentions poétiques ou idéales que chez l'artiste de Marguerite de Rohan. Et ceci nous ramène à la date présumable; car s'il est certain que le peintre nous montre, dans le portrait, une femme de 40 ans au plus, il est non moins certain qu'il a connu

Fouquet, a vécu dans l'atmosphère artiste du centre de la France, la Touraine ou le Berry, qu'il a contracté les habitudes et adopté les canons rituels, propres aux enlumineurs de par là. Bien plus, il a dû voir les *Heures* d'Étienne Chevalier qui sont, on croit, de 1460-70, et s'il les a vues, la supposition du portrait de Marguerite de Rohan, exécuté vers 1470, prendrait de la consistance. Il y aurait, d'ailleurs, une autre présomption en faveur de cette date, c'est la figure de l'ange de l'*Annonciation* au fol. 21. Cet ange n'est pas une figure quelconque; il a une physionomie spéciale, il est copié d'après un modèle de jeune garçon de 10 à 12 ans. Or, en 1470 le père de François Ier, Charles d'Orléans, fils de Marguerite de Rohan, a 11 ans, étant né en 1459. Ne serait-ce point d'ailleurs la princesse elle-même que nous verrions sous les traits de la Vierge? Le charme de cette composition est de qualité supérieure; l'architecture intérieure, inspirée de Fouquet, presque de la Renaissance déjà, s'accorde mieux à cette date qu'à celle ci-devant proposée. Il serait donc très admissible que le portrait de Marguerite eût été flatté et rajeuni dans ses *Heures* et que la composition en dût être reportée aux environs de 1470. Ici, une simple remarque : la Vierge de la *Nativité* au fol. 30 v° est la même personne que celle du fol. 21 recto; on pourra s'en convaincre en comparant les deux pièces. Mises en face du portrait de Marguerite fol. 113 v°, les ressemblances se notent aussi facilement (1).

(1) Les courtines aux armes ne sont-elles pas les pièces de tapisseries « aux armes my parties d'Orléans et de feue madame » signalées à l'inventaire fol. 301 du ms. fr. 22 335, et qui étaient à Angoulême?

Le voile de carmélite porté par la princesse dans cette effigie serait aussi explicable à cette date, et ce qui le serait davantage — parce qu'à 50 ans on pense à la mort — c'est le cadavre du fol. 86 recto. Plus jeune, Marguerite eût-elle tant songé à sa fin dernière et tellement tenu à ce qu'on montrât son corps dans un suaire?

Sauf les oppositions faites ci-dessus, rien ne contrarierait expressément l'attribution à Jean Fouquet comme date et comme style général. Mais il y a d'autres remarques à faire qui ruinent cette hypothèse. D'abord l'anthropométrie des personnages n'est pas chez notre artiste ce que Fouquet la veut; dans le livre de Marguerite de Rohan, le Christ en croix a le nombre de têtes réglementaire; dans les Christ de Jean Fouquet les proportions diffèrent, les corps s'élancent et se veulent rapprocher d'un idéal plus allongé. Souvent même ces recherches dépassent le vraisemblable et le possible, comme dans le martyre de saint André, des *Heures* de Chevalier. Dans le manuscrit de Marguerite de Rohan, les proportions de la tête au corps restent justes; bien mieux, ces corps nus sont un triomphe pour le peintre. Autant Fouquet semble se désintéresser des nus et les vouloir conformer à un thème préconçu, autant notre enlumineur étudie l'ossature, les muscles, les moindres plis. La *Mise en croix* du fol. 56 recto est sur ce point en avance sur tous les Flamands les plus qualifiés, sur Fouquet, sur les Italiens même. Remarquez que Jésus a été d'abord couché sur l'arbre de la croix, qu'on le trouve trop bas et qu'un soldat le tire en arrière en le prenant sous les bras. Ceci est la vie même, le naturalisme le plus formel, le plus sincère que nous ayons jamais constaté dans une peinture. Plus on étudie cette figure, plus on se convainc que chez le dessinateur du livre d'Heures, comme chez Jean Fouquet, tout est soumission à la vérité et obéissance aux lois de la nature. Ce sont là de petits tableaux, qui, grandis, resteraient aussi complets et aussi forts. Quelqu'un assurait que l'architecture de Jean Fouquet saurait toujours se construire; on en peut dire autant de celle de notre artiste, mais surtout on peut affirmer que ses *histoires*, exécutées sur panneaux, ne perdraient rien de leur intérêt. Dans la miniature dont nous parlons, la pose du Christ, son anatomie défient la critique la plus sévère; et si l'on se reporte au fol. 85 recto, où Marguerite de Rohan a voulu elle-même être montrée sans vêtements devant Dieu, l'habileté de l'artiste est plus écrite encore, s'il se peut. Le peintre copie un modèle plus jeune que n'est la princesse, mais il ne veut rien changer, il veut rester sincère; il n'y a que le visage qu'il accommode comme il peut avec les traits de Marguerite de Rohan, le surplus est obstinément emprunté à ce que son modèle lui montre de chairs encore jeunes et fraîches. La comtesse ne pouvait se plaindre qu'on l'enlaidît et qu'on la fît hideuse.

Cette considération spéciale, nettement constatée, nous fait donc écarter Jean Fouquet; peut-être aurait-il eu plus d'esprit dans les scènes, plus d'audaces heureuses; il n'aurait sûrement point apporté plus de conscience dans son œuvre, ni surtout autant de précision dans ses nus. Ce que nous indiquons là contribue à mettre le manuscrit de Marguerite de Rohan à l'une des toutes premières places dans le classement des œuvres françaises. Le peintre, évidemment, n'en était pas à son coup d'essai, et d'autres œuvres l'avaient signalé auparavant pour que la comtesse d'Angoulême l'admît. On a indiqué le nom du fils de Fouquet, mais ce que nous savons de cet artiste est trop vague pour qu'on s'arrête à le discuter. Il semblerait, d'ailleurs, que les dates ne pussent guère s'accorder, sauf dans le cas où Fouquet, né vers 1415, eût eu son fils de très bonne heure, ce que nous ignorons. Une chose nous éloigne encore de Fouquet et des siens, c'est la façon dont notre artiste semble éviter les animaux et les traite, s'il les fait. Dans la *Nativité*, l'âne et le bœuf sont un peu faibles alors que Jean Fouquet est le premier animalier de son siècle, égal au moins à Vittore Pisano, l'un des excellents. Donc là aussi, un indice contre l'attribution à Fouquet.

Alors, si d'une part ce dernier est impossible à admettre, si son fils n'est guère présumable; si nous avons, d'autre part, les anthropométries, les physionomies, les attitudes du centre de la France, jusqu'aux paysages et aux architectures, nous devons chercher, dans la région, l'homme capable d'entreprendre une œuvre de cette importance et d'y réussir au temps de Louis XI. Colinet de Merties indiqué par M. Delisle ne nous apprend rien. D'où venait cet enlumineur parisien, était-il peintre, ou simplement calligraphe?

Nous avons longuement cherché un indice qui nous mît sur une piste quelconque. Nous nous sommes aperçus que, contrairement à Jean Fouquet, l'artiste employait volontiers des caractères ayant une signification et formant des mots, alors que Fouquet se sert de caractères graphiques purement décoratifs et ornementaux. Dans le voile de la Sainte Face, au fol. 114, recto, nous lisons SALVE... FACIES..., plus bas, AVE REX IVDEORVM... et au-dessous, DOMINO

LAVDAT... OM... BS, lettres ayant un sens et pouvant s'expliquer sans peine. Or, sur le fauteuil du grand prêtre Caïphe, au fol. 43, après un mot perdu dans la draperie où l'on croit apercevoir IAS, on lit distinctement COVA... Là, le mot est inachevé, comme le sont ceux que nous avons cités plus haut; mais la mode était qu'on laissât deviner au lecteur habile. Pourquoi COVA... ? Ce n'est là ni le nom du grand prêtre, ni celui de Pilate, ni un mot déformé. Serait-il là pour la décoration, à la mode de Fouquet? Ceci est peu probable, étant donné que les autres inscriptions relevées ont un sens, que rien n'est laissé au hasard, témoin le pot de myrrhe de l'une des saintes femmes, au fol. 60 recto, qui porte l'aigle des romains du moyen âge. Pourrait-on lire *Johannes Coua...*, le *Johannes* étant abrégé et le *Coua...* restant inachevé?

Ce qui donnerait consistance à cette interprétation, c'est la mention suivante publiée par Jal d'après le registre KK 55 fol. 81 du *Trésor des Chartes* aux Archives nationales : « A Jehan Couart, enlumineur, « demourant à Bourges, la somme de IX livres VI de« niers tournois que ladicte dame (Marie d'Anjou, reine « de France, femme de Charles VII) lui a fait paier « comptant par ledit trésorier pour unes petites heures « à l'usaige de Paris escriptes de lettre bastarde bien « enluminées et hystoriées, acheptées de luy ledit pris, « le 11e jour de janvier et délivrées à ladite dame en ses « mains pour en faire ses plaisirs. »

Cette note de compte a été citée dans le Dictionnaire des artistes français du XIIe au XVIIe siècle (Paris, Dumoulin, 1872, p. 183) et par Girardot, *Artistes de la ville de Bourges*. L'un d'eux, amplifiant sur le texte, ajoute qu'on vantait la beauté des miniatures de ce livre de la reine; mais c'est là une phrase dont nous ne devons pas faire état.

Il est certain cependant que si la reine Marie d'Anjou a acquis des *Heures*, pour son service, d'un enlumineur de Bourges, celui-ci ne pouvait être un praticien quelconque. N'oublions pas que l'année 1454 est au plein des plus beaux travaux de Jean Fouquet, que des œuvres de lui, aujourd'hui disparues, portent cette date. La somme de IX livres n'est pas négligeable alors, surtout si nous raisonnons par comparaison. Poyet, qui donnera 23 *histoires* de pleine page et près de trois cents vignettes d'encadrement aux *Heures* d'Anne de Bretagne recevra de ce fait la somme de 133 livres (1). Un enlumineur habile a pu conduire à bien un travail du genre du nôtre en quelques mois. Bourdichon a, pour ses gages annuels, environ XX livres à la cour. Tout vient, ce semble, à l'appui de ce que nous disions sur la valeur de Jean Couart, écrivain et enlumineur de Bourges. On le met l'égal des maîtres reconnus et classés, et sans doute, à son talent de miniaturiste, il joint celui de peintre sur panneaux de bois. En Flandre un tel homme aurait son histoire légendaire, consignée en quelque passage fabuleux par un Kare van Mander; on lui attribuerait des panneaux et des livres, il serait illustre. Chez nous, il est inconnu.

En attendant qu'un document inattendu nous apporte une précision au sujet de cet artiste berrichon, descendant probable, comme Fouquet, des maîtres employés par le duc de Berry, il faut nous contenter de l'hypothèse. Le livre d'*Heures* de la princesse Marguerite de

(1) Exactement 23 histoires, 271 vignettes et 1500 versets. L'écriture est de Jean Riveron, et les belles histoires sont de Bourdichon.

Rohan aura donc cet intérêt de plus; il ouvre la discussion sur un point très intéressant de notre histoire artistique et nationale. Il deviendrait fort important d'établir ce que Jean Couart a pu composer, et le manuscrit de Marie d'Anjou serait, sur ce point spécial, la preuve capitale. Peut-être n'est-il pas complètement détruit. L'auteur de ces lignes a vu naguère un manuscrit de très petit format, à feuillets noirs, orné de fleurs de lis et de cygnes qui doit avoir une origine illustre; celui de Marie d'Anjou lèverait tous les doutes. Dès maintenant, il est certain que l'écrivain, le rubricateur et l'enlumineur du livre ne se confondent pas avec le peintre des *histoires*. Les encadrements de fleurs sont un peu faibles, l'écriture est ordinaire. Deux fois l'artiste s'est trompé dans le blason des Rohan. Sur une des courtines, en arrière du portrait de la princesse, au lieu de *clécher* en rouge les mâcles d'or, il a cléché les mâcles rouges en or, transposant ainsi les éléments du blason. Ces erreurs sont, d'ailleurs, assez fréquentes chez les miniaturistes; mais celle-ci ne se continue pas; la scène de l'*Annonciation* est convenablement blasonnée des armes d'Angoulême et de Rohan accolées, de même celle des *Vendeurs chassés du temple* (fol. 72 r°).

Marguerite de Rohan mourut en 1496, âgée de 70 à 76 ans. Elle avait pu connaître son petit-fils François, dont le père Charles la suivra dans la tombe, à un an d'intervalle. J'ai dit que le livre d'*Heures* fut retrouvé et mentionné dans un inventaire à cette époque. Voici l'indication de cet inventaire dressé à Angoulême au mois d'avril 1497 : « En la « chambre haulte à parer, en ung coffre de cuir « ferré : unes heures à deux fermaulx d'or; extimez les- « dicts deux fermaulx a dix escuz ou environ. » (Biblioth.

nat. ms. fr. 22335 fol. 298 verso). Ce livre est au milieu de tabliers et de draps, et en général parmi la lingerie. Le même inventaire nous indique aussi que la plupart des robes de la princesse étaient de velours ou de camelot noir fourré d'agneau ou de vair, ce qui concorderait assez bien avec son portrait (fol. 299).

Sans être bibliophile comme son mari Jean, lequel se piquait de calligraphie, Marguerite de Rohan dut avoir une bibliothèque. Un des livres lui ayant appartenu est à la Bibliothèque nationale, fr. 1673. C'est un poème, en son honneur, écrit par Ymbert Chandelier en 1483. Un médiocre artiste a mis le portrait de la princesse en tête du livre. Elle est en pied, vêtue comme la *Dame à la Licorne,* la queue de sa robe est portée par une suivante et l'auteur du livre est à genoux devant elle. Ceci est de l'art courant sans intérêt, mais le portrait n'est pas sans rapports avec celui de notre manuscrit; la coiffure surtout paraît être la même à 10 ou 15 ans d'intervalle.

Un autre manuscrit à ses armes est celui de Guy de Warewyck (Bibl. nat. fr. 1476, et non 1746 comme l'indique le *Cabinet des manuscrits* p. 118). Ce livre est seulement décoré d'un encadrement de première page avec arabesques, fleurs et oiseaux; au bas, les armes de la princesse.

Nous ne suivrons pas le livre d'*Heures* à partir de l'inventaire de 1497 jusqu'au commencement du XIXe siècle lorsque Pottier, bibliothécaire à Rouen, le signala au célèbre collectionneur Sauvageot. Celui-ci acquit l'œuvre qui avait reçu une reliure au XVIIe siècle. Lors de la vente de Sauvageot en 1861, Philippe Burty signalait le manuscrit et le croyait de Jean Fouquet (*Gazette des Beaux-Arts*, t. IX, p. 56, an. 1861). M. Paul

Mantz, autrement clairvoyant et averti, l'attribuait à « un adhérent », mais il n'y voyait pas les caractères tourangeaux, en quoi il se méprenait complètement, car ces caractères sont précisément essentiels dans l'œuvre. — Depuis bien des années, il appartient à M. Marcel Thévenin.

Ce livre d'*Heures* est orné de quinze miniatures, nous l'avons dit, de bordures et de lettres dont deux au moins renferment de gracieuses figures exécutées par l'artiste (fol. 19 v° et 116 r°). Les miniatures de pages sont de 0m,175 sur 0m,120 de largeur. La reliure de couleur vert-chaud date de 1620 environ. Le calendrier de tête paraît être à l'usage de Paris, du moins quelques saints parisiens, entre autres sainte Geneviève, y figurent en lettres d'or. En tête un *Salve Regina.*

Voici quelques brèves remarques à faire sur les miniatures :

Fol. 15 R°. — *Le Christ dans sa gloire et le symbole des Évangélistes.* — Le Christ est du type adopté par l'artiste et dont le modèle grandi se trouve au fol. 114 r° : figure admirable.

Fol. 21 R°. — *L'Annonciation.* — Cette page se rapproche de certains travaux des débuts de Bourdichon ; mais la qualité et le style en sont d'une supériorité marquée. Nous avons déjà suggéré que l'ange doit représenter Charles de Valois-Angoulême, fils de Marguerite de Rohan ; elle-même figurerait sous les traits de la Vierge.

Fol. 30 V°. — *Adoration des Bergers.* — Le fond du paysage rappelle un peu la Seine et la cour du Louvre ; l'étable serait alors placée dans un terrain du Pré-au-Clercs. Remarquez le saint Joseph qui deviendra ci-après Simon le Cyrénéen, et un soldat romain. La Vierge rappelle encore Marguerite de Rohan; en tout cas, son attitude est essentiellement celle des vierges de Fouquet.

Fol. 40 R°. — *Le Baiser de Judas.* — Effet de nuit suivant les procédés de Jean Fouquet continués dans l'école de Touraine, principalement par Bourdichon. A remar quer, l'admirable travail de l'armure de Malchus, empruntée à la panoplie d'un prince. Le soldat qui saisit et retient Jésus est le même que celui du fol. 43. En arrière le vieux saint Joseph du fol. 30 ci-dessus. Cette scène est supérieure à celle du même genre exécutée par Jean Fouquet pour Étienne Chevalier.

Fol. 41 V°. — *Le Jugement des réprouvés.* — Scène dans le style de Fouquet. Le saint Michel doit être le jeune comte d'Angoulême. A gauche saint Jean-Baptiste patron du mari de Marguerite de Rohan.

Fol. 43 R°. — *Jésus devant Caïphe.* — Christ du type précité, soldat du Baiser de Judas. Sur le devant un sergent d'armes agenouillé, qui doit être un portrait. Très belle exécution. Caïphe est semblable à l'un des personnages de droite dans le mariage de la Vierge des *Heures* pour Et. Chevalier. Sur le fauteuil, le mot COVA.

Fol. 48 V°. — *Jésus dans le prétoire.* — A remarquer l'énergie naturaliste de cette scène, où les gestes sont étudiés sur le vif; réapparition du saint Joseph en oriental.

Fol. 52 V°. — *Le Portement de croix.* — Une ville de Touraine fortifiée. Simon le Cyrénéen est le même que le saint Joseph du fol. 30 v°.

Fol. 56 R°. — *La mise en croix.* — Scène superbe. Nous avons déjà fait remarquer le soldat romain qui, soutenant le Christ sous les bras, le tire à lui pour le mieux étendre sur la croix. Figurants dans les données de Fouquet. Foule très bien traitée, ciel bleu et lances des *Grandes chroniques* de la Bibliothèque nationale. Le corps du Christ est à opposer à ceux de Fouquet démesurément longs.

Fol. 60 R°. — *Préparatifs de la descente de croix.* —

Scène splendide dans sa poétique sincérité; le ciel, le paysage, sont de premier ordre. L'homme qui arrache les clous des pieds est dans une attitude de vérité incomparable. Les deux larrons sont omis. Ce tableau est un de ceux qui pourraient être grandis, sans rien perdre de leur valeur ni de leur charme.

Fol. 66 R°. — *La Résurrection.* — Le modèle qui a servi pour le Caïphe paraît ici en soldat, de même que le sergent d'armes du fol. 43.

Fol. 71. — Page blanche recto et verso, peut-être réservée pour le portrait de Jean, comte d'Angoulême.

Fol. 72 R°. — *Jésus chassant les marchands du Temple.* — Scène très soignée, fort étudiée, exécutée d'après des modèles un peu trop sages et manquant un peu de mouvement. Chapiteaux renaissance, architecture italo-française.

Fol. 86 R°. — *Jugement de la Comtesse.* — Admirable scène dans le style de Fouquet. Dans le ciel, un trône au pied duquel sont agenouillés la Vierge, la Madeleine (ou sainte Marguerite) et saint Jean. Saint Michel est debout, sous les traits du jeune comte Charles, élégant et fier, écartant le diable. La princesse morte est ensevelie à demi et couchée sur une dalle. Le corps est un chef-d'œuvre de vérité chaste et de piété.

Fol. 113 V°. — Portrait de Marguerite de Rohan, comtesse d'Angoulême, née vers 1420-25. Elle est en costume noir et blanc, et en arrière d'elle, formant oratoire, des courtines aux armes. Devant elle, un prie-Dieu, et sur ce prie-Dieu, un manuscrit qui doit être le présent livre. Figure d'un modelé savant et à la fois simple et discret.

Fol. 114 R°. — *Le Christ en Sainte Face.* — Tout en s'inspirant de la tradition, l'artiste a traité magistralement le personnage du Christ en type admirable de Français blond roux. A remarquer les mains, dans cette miniature ainsi, du reste, que dans les autres. Nous avons parlé des inscriptions retrouvées sur la draperie. Les rayons sont expressément français et tourangeaux sous cette forme, et remplacent les nimbes.

Telles sont les brèves remarques à faire sur ce manuscrit, véritable monument historique, œuvre magistrale et document de premier ordre pour l'histoire de l'art français. En d'autres temps, sa place eût été marquée à Chantilly; il fût resté là dans sa famille d'origine; tout près des Fouquet illustres et à côté des *Heures* de Jean de Berry, il eût été plus chez lui. Eux sont venus là par droit de conquête, il y fût entré par droit de naissance, au moins.

HENRI BOUCHOT,

Conservateur des Estampes à la Bibliothèque nationale.

Nous ajouterons, à cette étude sur le précieux livre d'heures de la comtesse d'Angoulême, que ce manuscrit, de format in-8, est d'une conservation parfaite, que les miniatures sont de la plus grande fraîcheur et la reliure, très bien conservée.

LIVRES A FIGURES

XVe, XVIe ET XVIIe SIÈCLES

LIVRES A FIGURES

XVe, XVIe ET XVIIe SIÈCLES

2. BERGOMENSIS (J.-P.). De plurimis claris scelectisque (*sic*) Mulieribus opus prope divinum novissime congestum. (A la fin :) *Opus de claris selectisque plurimis milieribus a fratre philippo Bergomense editum explicit maxima cum diligentia revisum et castigatum per Reveren. sacre theologie doctorem magistrum Albertum de Placentia, et fratrem Augustum de Casali... Ferrarie impressum opera et impensa magistri Laurentii de Rubeis de Valentia tertio kal. maias anno salutis nostræ* 1497... in-fol. mar. brun, fil. et encad. de fers à froid, doublure et gardes de vélin, tr. dor. (*Belz-Niedree.*)

Bel exemplaire, très grand de marges avec de nombreux feuillets non rognés, d'un livre très recherché pour les charmantes figures gravées sur bois qu'il renferme. Ces figures représentent les portraits de femmes célèbres depuis l'antiquité jusqu'à la fin du xve siècle.

3. HEURES DE PIGOUCHET. *Ces presentes heures a lusaige de Rome furēt acheuez Lan Mil cccc iiii x et x v iii le x x ii iour de Aoust pour Symō Vostre Libraire demourāt a Paris a la rue neuue nostre dame a lenseigue sainct Iehan leuangeliste,* gr. in-8, goth. fig. sur bois, mar. brun, fil. et orn. à froid, fleurs de lis, tr. dor. (*Capé.*)

Heures imprimées par Pigouchet pour Simon Vostre, ornées de 20 grandes figures gravées sur bois, de bordures à chaque page, avec sujets variés parmi lesquels la *Danse des Morts.* Marque de Pigouchet sur le titre.

Bel exemplaire, non colorié, imprimé sur papier.

4. GRANDES HEURES DE SIMON VOSTRE. *Ces presentes heures a lusaige de Rōme au long sans requerir : auec les miracles nostre damé et les figures de lapocalipse et de la bible et des triūphes de César et plusieurs aultres histoires faictes a lantique ont este imprimees pour Symon Vostre libraire demourant à Paris, s. d.* (calendrier de 1508 à 1528), gr. in-8 goth. de 88 ff., fig., mar. vert, dos orné, bandes d'entrelacs à froid sur les plats, tr. dor. (*Trautz-Bauzonnet.*)

Grandes Heures de *Simon Vostre ;* elles sont ornées de 25 figures de différentes dimensions, d'un beau caractère.

Toutes les pages sont encadrées de larges bordures décorées d'ornements variés et de sujets dont la plupart sont indiqués dans le texte. La Danse des morts se compose de 66 sujets ayant un quatrain en français au bas de chaque page. Les grandes et petites majuscules sont en or et en couleurs.

Très bel exemplaire, imprimé sur VÉLIN, provenant de la bibliothèque du baron de La Roche-Lacarelle.

Il porte, au bas du titre, le cachet de la bibliothèque du marquis d'AUBAIS (Charles de Baschi d'Aubais).

Sa famille, originaire de l'Ombrie et depuis longtemps

établie dans les Cévennes, avait pris une part importante aux luttes religieuses du XVIIe siècle, et son père Louis, baron d'Aubais et du Cayla, avait payé de l'exil et de la confiscation de ses biens, son attachement à la foi protestante. Né au château de Beauvoisin, le 20 mars 1686, Charles de Baschi s'était vu, dès l'âge de neuf ans, enlevé à la sollicitation de Fléchier, par ordre du roi, conduit au collège de Clermont à Paris et converti au catholicisme. Un serviteur dévoué avait réussi toutefois à le dérober aux jésuites; mais il fut repris sur la route de Genève et renfermé de nouveau jusqu'à sa majorité. A part ce romanesque épisode, la vie de Charles de Baschi d'Aubais n'offre que peu d'incidents. Rentré en possession du bien paternel, marié dès 1708 à Diane de Rizel, dame de Cors et de Beaumont, qui lui donna quatre enfants, il se consacra exclusivement aux recherches historiques et rassembla dans son château de Beauvoisin une des bibliothèques les plus nombreuses de la région. Elle est remplie, écrivait Baudelot de Dairval, des meilleurs livres d'histoire que l'on connaisse et surtout de titres et de mémoires généalogiques des maisons et familles de France. Durant l'un de ses séjours à Paris où il fut appelé par un procès et aussi le besoin d'accroître sa bibliothèque, en 1769, il acquérait d'un seul coup 5 000 vol. et de nombreux manuscrits.

5. Deche di Tito Livio vulgare hystoriate. (Da Ruggiero Ferrario.) (Nella fine :) Finite le Deche de Tito Livio Padovano historiographo vulgare historiate con uno certo tractato de bello punico. *Stāpate ī Venetia p. Bartholomeo de Zāni de Portesio.* M. CCCCC. XI, adi. XVI, *del mese de Aprile*, in-fol. à 2 col., fig. sur bois et lettres ornées, cart.

Légère piqûre de ver et mouillures aux dix premiers feuillets.

Nombreuses et belles figures au trait gravées sur bois.

6. TEWRDANNCKH. Die geverlicheiten und eins teils der geschichten des löblichen streit baren und hochberümten helds und Ritters Tewrdannckhs. *Gedruckt in der Kayserlichen Stat Augspurg durch*

den Eltern Hansen Schönsperger... (1519), in-fol., caract. goth., fig. sur bois, peau de truie, nombreux ornements à froid sur les plats. (*Rel. anc.*)

Bel exemplaire dans une reliure du XVIe siècle très bien conservée.

Ce livre est orné de 118 belles gravures sur bois d'après des dessins attribués à *Hans Schauffelein.*

Poème chevaleresque et allégorique composé par Melchior Pfinzing à l'occasion du mariage de Maximilien Ier avec Marie de Bourgogne.

7. ☙ Sensuyt le se‖cret des secretz de Aristote pour co‖gnoistre, les cõditions des Hommes‖ꝛ des femmes, Lesquelz il fist pour ‖ le Roy Alexandre son disciple. (Suit une figure sur bois.) *S. l. n. d.*, pet. in-8 goth. de 8 ff. à 23 lignes à la page, non chiff., mar. bleu, fil., tr. dor. (*Trautz-Bauzonnet.*)

Joli exemplaire d'une pièce rare, très probablement imprimée à Paris par Nicole de la Barre dans les vingt premières années du XVIe siècle.

Sur le titre une figure sur bois représentant Adam et Eve.

8. Le Rozier Historial de France ‖ contenant deux Roziers. ‖ Le p̃mier Rozier ‖ contient plusieurs belles Rozes ꝛ bou‖tons De Instructions et beaulx enseigne ‖ mens pour Roys, Princes, Chevaliers, ‖ Cappitaines et gens de guerre cõme ilz ‖ se doivent maintenir gouuerner ꝛ conduy‖re pour mener ostz et batailles cõtre leurs ‖ ennemys tant par mer que par terre. ‖ Le secõd Rozier ‖ Autremẽt Croniques abregees contient ‖ plusieurs belles Rozes ꝛ boutõs extraitz ‖ et yssus de la maison de Frãce et de Angle‖terre tant en ligne directe que collateralle. ‖ Pareillemẽt Dallemaigne, Espaigne, ‖ Escoce, Si-

cille, Flandres et autres tant || des royaulmes chrestiens q̃ des infideles. || Ilz se vendent a Paris en la rue sainct Jacques a lenseigne saint Claude (chez François Regnault). *Cy fine le Rosier historial de France nouuellement imprime a Paris le xxvie iour de feurier Lan mil cinq cens et xxii, auant Pasques.* In-fol. caract. goth. de 2 et ccxiii ff. à 2 col. de 45 lignes, fig. sur bois, mar. rouge jans., dent. int., tr. dor. (*Thibaron-Joly.*)

Bel exemplaire de la première édition complète de ce livre. Cette édition est également la première des deux éditions parues en 1522. Elle est ornée de nombreuses figures gravées sur bois.

9. Der Weiss Kunig. Eine Erzehlung von den Thaten Kaiser Maximilian des Ersten. Von Marx Treitzsaurwein auf dessen Angeben zusammengetragen nebst den von Hannsen Burgmair. *Wien, auf Kosten Joseph Kurzböckens,* 1775, in-fol., nombreuses pl. gravées sur bois, cart.

Ce volume est orné de 237 beaux bois, gravés au xvie siècle, d'après les dessins de *Hans Burgmair* et employés ici pour la première fois.

10. Cy est le Romãt de la roze
Ou tout lart Damour est enclose
Histoires et auctoritez
Et maintz beaulx propos usitez
Qui a este nouuellement
Corrigé suffisantement
Et cotte bien a lauantaige
Com on voit en chascune page
On les vend à Paris en la grand salle du Palais au premier pillier en la boutique de Galliot du Pré

libraire juré en Luniversité, s. d. (1526), in-fol. goth. à 2 col. de 4 ff. prél., 139 ff. chiff. et 1 ff. pour la marque de Gaillot du Pré, mar. olive, fil., tr. dor. (*Rél. anc.*)

Reliure de la fin du xvie siècle dont le milieu des plats est orné d'un médaillon de feuillage renfermant un monogramme composé de plusieurs lettres, peut-être celui de François Le Bossu dont la signature autographe se trouve sur le feuillet de garde.

Cette édition du *Roman de la Rose*, ornée de nombreuse figures gravées sur bois, est la première qui ait paru avec les corrections de Clément Marot.

11. CHAMPFLEURY. Auquel est contenu Lart & Science de la deue et vraye Proportion des Lettres Attiques, qu'on dit autrement Lettres Antiques, & vulgairement Lettres Romaines proportionnées selon le Corps & Visage humain... *& est a vendre à Paris sus petit Pont a Lenseigne du Pot casse par Maistre Geofroy Tory de Bourges, libraire, & autheur du dict livre. Et par Gilles Gourmont, aussi libraire demourant en la rue Sainct Jacques à Lenseigne des trois Coronnes, s. d.* (1529), in-4, réglé, fig. sur bois, veau fauve, compart. de filets et de fers à froid, tr. dor. (*Rel. anc.*)

Très bel exemplaire dans sa première reliure du seizième très bien conservée. Il provient de la bibliothèque Destailleur.

12. HORÆ IN LAUDE BEATISS. VIRGINIS MARIÆ. Ad usum romanum. Parrhisiis, apud Gotofredum Torinum Biturigicum, regium impressorem. (A la fin :) *Parrhisiis, ex officina Gotofredi Torini Biturigici, Regii Impressoris, ad insigne Vasis effracti. Anno Salu.* M. D. XXXI, die XX

mēsis octo, gr. in-8, de 160 ff. lettres rondes, veau fauve, riches compart. de filets dor. et mosaïque noire, tr. dor. et cisel. (*Rel. du XVIe siècle.*)

Un des plus beaux livres imprimés par Geofroy Tory; chaque page est entourée de belles bordures parmi lesquelles figurent le chiffre de François Ier, celui de la reine Claude et un dauphin. Dix-sept planches, dont 14 grandes, enrichissent encore ce volume.

Ce bel exemplaire provient de la bibliothèque Bancel. Il a été adjugé 2905 francs à la vente de cet amateur; il est très grand de marges et renferme de nombreux témoins.

Belle reliure du XVIe siècle ornée de riches compartiments à la Grolier avec les noms HUMBERTE FAVRE sur les deux plats. Le dos de cette reliure a été refait avec soin.

La grande planche, qui représente le Triomphe de la Vierge, manque comme à presque tous les exemplaires de ce livre.

13. HOLBEIN. Historiarum ueteris instrumenti icones ad uiuum expressæ. Una cum breui, sed quoad fieri potuit, dilucida earundem expositione. *Lugduni, sub scuto Coloniensi*, 1538 (à la fin) : *Excudebant Lugduni Melchior et Gaspar Trechsel fratres*, 1538, in-4 de 48 ff. mar. brun, large encadrement de filets et fers azurés, tr. dor. (*Chambollé-Duru.*)

Première édition ornée de 92 figures gravées sur bois d'après *Hans Holbein*, par *Hans Lutzelburger*.

Très bel exemplaire, très grand de marges.

14. Hecatongraphie. C'est à dire les descriptions de cent figures & histoires, contenants plusieurs appophthegmes, prouerbes, sentences et dictz tant des anciens que des modernes. Le tout reueu par son autheur. *A Paris, chez Denys Janot*, 1543, in-8, veau marb., pet. dent., tr. dor.

Ce volume est orné de 100 jolies figures gravées sur bois dans des encadrements également gravés sur bois. Le texte en vers, est de Gilles Corrozet.

15. HYPNEROTOMACHIÆ, ou Discours du songe de Poliphile deduisant comme amour le combat à l'occasion de Polia. Nouuellement traduict de langage italien en francois (par Jean Martin). *Paris, Iaques Kerver*, 1546, in-fol., fig. sur bois, vélin, fil. à froid. (*Rel. anc.*)

Très bel exemplaire de la première édition française, ornée de nombreuses et belles figures gravées sur bois. Il provient de la bibliothèque Destailleur. La reliure est très bien conservée.

16. Les figures de l'Apocalipse de Saint Jean apostre & dernier evangeliste exposées en latin et en françois (par Jean Maugin). *A Paris, 1547, de l'Imprimerie d'Estienne Groulleau,* 2 part. en 1 vol. in-16, mar. violet à longs grains, fers à froid, tr. dor.

Ce petit volume, très rare et très recherché, est orné de 36 charmantes figures gravées sur bois contenues dans les encadrements. Ces petites figures sont une des plus jolies suites publiées au XVIe siècle.

Bel exemplaire, bien conservé, ayant fait partie de la bibliothèque des Célestins de Marcoussis et de celle de M. Destailleur.

17. Marguerites de la Marguerite des princesses, tresillustre royne de Navarre. *A Lyon, par Jean de Tournes,* 1547, 2 parties en 1 vol. in-8, fig. sur bois, mar. vert clair, compart. de mosaïque de mar. vert olive, bouquet de marguerites en mar. de diverses couleurs au milieu des plats, dos orné et mosaïqué, doublé de mar. citron, semis

de marguerites de diverses couleurs, tr. dor., étui de mar. rouge.

Première édition des poésies de la Reine de Navarre, donnée par son valet de chambre Jean de la Haye.

Exemplaire recouvert d'une superbe reliure (reproduite dans l'*Album*) de *Chambolle-Duru*, dorée par *Marius Michel*.

18. Emblemata Andreæ Alciati jurisconsulti clarissimi. *Ludguni, Apud Mathiam Bonhomme*, 1548, in-8, fig. sur bois, parch. (*Rel. anc. fatiguée.*)

Premier tirage des 128 figures gravées sur bois qui ornent cette édition. Toutes les pages sont dans encadrements, gravés sur bois, dont plusieurs portent la marque P. V.

Forte mouillure aux derniers feuillets.

19. Les Philippiques de M. T. Ciceron, translatées de latin en francoys par l'esleu Macault, notaire, secrétaire & vallet de chambre du Roy. *On les vend à Poitiers, à l'enseigne du Pelican*, 1549, in-4 de 2 ff. prél. et 102 ff. chiff., parch.

Cette édition, dédiée au connétable de Montmorency, renferme la belle gravure sur bois de *Geofroy Tory*, représentant François Ier au milieu de sa cour, de l'édition de Diodore de Sicile, de 1535. Les armoiries du connétable, également gravées sur bois, se trouvent au verso du feuillet de dédicace.

20. ENTRÉE DE HENRI II A PARIS. C'est l'ordre qui a este tenu à la nouvelle et joyeuse entrée, que tres hault, tres excellent, & tres puissant Prince, le Roy tres chrestien Henry deuzieme de ce nom, a faicte en sa bonne ville & cité de Paris, capitale de son Royaume le sezieme iour de Juin MDXLIX. *On les vend à Paris par Jehan Dallier s. d.* (1549),

in-4, de 38 ff. et 2 planches hors texte, mar. bleu, fil., dos orné, tr. dor. (*Cuzin.*)

Superbe exemplaire, très grand de marges, avec de nombreux témoins.

Le plus beau livre de ce genre publié au seizième siècle, il est orné de 11 très remarquables figures gravées sur bois dont les dessins ont été attribués aux plus grands artistes.

21. Abbrégé de l'histoire des vicontes et ducz de Milan, le droict desquels appartient a la couronne de France : Extraict en partie, du liure de Paulus Iouius. Auec les pourtraits d'aucuns desdicts vicontes & ducz, representez apres le naturel. *A Paris, chez Charles Estienne*, 1552, in-4, veau fauve, fil. (*Rel. anc.*)

Ce volume est orné de dix beaux portraits gravés sur bois qui portent comme marque de graveur la double croix de Lorraine.

Petits raccommodages aux deux derniers feuillets.

22. Quadrins historiques de la Bible (par Claude Paradin). —Quadrins historiques d'Exode. *A Lyon, par Jean de Tournes*, 1553, 2 parties en 1 vol in-8, mar. La Vall., milieu à froid., tr. dor. (*Chambolle-Duru.*)

Premiers tirages, très rares, des figures du *Petit Bernard*, gravées sur bois.

Bel exemplaire.

23. La Morosophie de Guillaume de la Perriere, tolosain. Contenant cent emblemes moraux, illustrez de cent tetrastiques latins, reduitz en autant de quatrains francoys. *A Lyon, par Macé Bonhomme*, 1553, in-8, fig. sur bois, veau fauve, fil. à froid et fleurons dorés. (*Rel. du XVIe siècle.*)

Ce volume est orné d'un portrait de La Perrière, de cent

jolies figures et d'encadrements à chaque page; le tout très finement gravé sur bois.

Bel exemplaire dans une reliure du seizième siècle bien conservée.

24. Heures de nostre dame, en francois et en latin, à l'usage de Rome, nouuellement imprimées. *A Paris, pour Guillaume Julien,* 1556, pet. in-8, de 168 ff. chiff. A. R. par 8, S par 4, a-c par 8 et d par 4, mar. vert foncé, fil., dos orné, tr. dor. (*Trautz-Bauzonnet.*)

Ces heures, en lettres rondes, rouges et noires, ont été imprimées à Paris par Jean Lescalier pour Guillaume Julien; elles sont ornées de figures gravées sur bois, quelques-unes dans des encadrements de filets, avec légendes en vers, imprimées en rouge.

25. La Métamorphose d'ovide figurée. *A Lyon, par Jean de Tournes,* 1557, in-8, mar. rouge, fil., dos orné, tr. dor. (*Trautz-Bauzonnet.*)

Premier tirage des encadrements et des 178 jolies figures du *Petit Bernard,* gravés sur bois. Cet exemplaire, qui est très grand de marges et très beau (malgré un raccommodage dans une marge du titre) provient de la bibliothèque Firmin Didot (Nᵒ 448 du catalogue de 1879). Il renferme de nombreux témoins.

26. Heures en francoys & latin à l'usage de Rome. Corrigées & augmentées de plusieurs suffrages & oraisons. Avec figures nouvelles, appropriées chascune en son lieu. *A Lyon, chez Guillaume Rouille,* 1558, in-8, veau fauve, plats et dos entièrement dorés, tr. cisel. et dor. (*Rel. du XVIᵉ siècle.*)

Cette édition, imprimée à Lyon par Macé Bonhomme, est ornée de figures et d'encadrements à chaque page, le tout gravé sur bois.

Reliure lyonnaise ornée d'une belle plaque dorée, avec fond azuré.

27. Figures de la Bible (et Figures du Nouveau Testament) illustrées de huictains francoys, par Guillaume Guéroult, pour l'interprétation et intelligence d'icelles. *A Lyon, par Guillaume Roville*, 1564-1570, 2 part. en 1 vol. in-8, mar. rouge foncé, compart. de filets à froid, tr. dor. (*Trautz-Bauzonnet.*)

Les *Figures de la Bible* sont au nombre de 233 et le *Nouveau Testament* en renferme 155. Ensemble 388 figures gravées sur bois d'après les dessins de *Jean Moni ;* elles sont en premier tirage pour les deux parties.

M. Didot, dans son *Catalogue raisonné*, indique l'édition de 1565 des *Figures de la Bible* comme premier tirage.

Quelques petits raccommodages au titre du volume.

28. ΠΑΝΟΠΛΙΑ omnium illiberalium mechanicarum aut sedentariarum artium genera continens... per Hartman. Schopperum. *Francofurti ad Mœnum*, 1568, pet. in-8, fig. s. bois, mar. vert jansén., tr. dor. (*Thibaron-Echaubard.*)

Ouvrage très recherché pour les 130 figures curieuses dont il est orné et qui représentent tous les métiers exercés au XVIe siècle. Ces planches sont de *Jost Amman.*

Bel exemplaire, de premier tirage, très grand de marges, avec témoins. — Raccommodage habilement fait au dernier feuillet.

29. De omnibus illiberalibus sive mechanicis artibus, humani ingenii sagacitate atque industria... *Francofurti ad Moenum*, 1574, pet. in-8°, fig. sur bois, vélin blanc. (*Rel. mod.*)

Autre édition du livre précédent.

30. Æsopi Phrygis fabulæ elegantissimis eiconibus veras animalium species ad vivum adumbrantes. *Lugdini, apud Joannem Tornaesium, typogr.*

regium, 1570, in-16, peau de truie, avec empreintes à froid, fermoirs. (*Rel. du XVIe siècle.*)

Cette édition renferme 61 figures gravées sur bois dont 39 ont paru la première fois en 1551. Texte grec et traduction latine.

31. Neue Künstliche figuren Biblischer Historien grüntlich von Tobia Stimmer gerissen : und zu Gotsforchtiger ergeszung andachtiger hertzen mit artigen Reimen begriffen durch J. S. G. M. *Zu Basel, bei Thoma Swarin,* 1576, in-4°, vélin, dent. (*Rel. du XVIe siècle.*)

Exemplaire portant sur les plats l'emblème de l'abbaye de St-Emmeran. Cassure au titre et mouillures.

Première édition des 170 figures de *Tobie Stimmer,* gravées sur bois et comprises dans des encadrements également gravés sur bois.

32. Insignia sacræ Cæsareæ Majestatis, principum electorum, ac aliquot illustrissimarum, illustrium, nobilium & aliarum, familiarum, formis artificiosissimis expressa, addito cuiq; peculiari Symbolo & carmine octasticho, quibus cum ipsum insigne, tum Symbolum, ingeniose, ac sine ulla arrogantia vel mordacitate, liberaliter explicantur. His adjecta sunt totidem vacua (uti appellant) Scuta, ut alii quoq;, quibus hoc institutum placebit, suæ etiam gentis imagines penicillo adijcere possint. Omnia in gratiam studiosorum magno labore & sumptu non exiguo, collecta atque edita. *Francofurti ad Mœnum,* 1579 (à la fin) : *Impressum Francofurti ad Mœnum, apud Georgium Corvinum, impensis Sigismundi Feyerabendij,* 1579, in-4°, mar. brun,

riches compart., à la Grolier, de mar. rouge, jaune, vert et bleu, tr. dor. (*Gruel.*)

Très riche reliure de Gruel, reproduite dans l'*Album*. Premier tirage des 270 gravures sur bois que renferme ce livre; la plupart sont de *Jost Amman*.

33. Habits de diverses Nations de l'Europe, Asie, Afrique et Amérique. *Abraham de Bruyn excudït*, A° 1581, in-fol. obl. de 60 planches, y compris le titre, demi-rel. veau fauve. (*Rel. anc.*)

Exemplaire bien complet, contenant les 20 planches (y compris le titre) de costumes ecclésiastiques, gravées par *Joos de Bosscher*. La planche 55 est en double.

34. Im Frauwenzimmer Wirt vermeldt von allerley schönen kleidungen unnd Trachten der Weiber hohes und niders Stands wie man fast an allen Orten geschmucht unnd gezieret ist als Teutsche Welschel Frankosische, Engellandische, Niderlandische, Böhemische, Ungerische, und alle anstossende Lander. Ourchauss mit neuwen Figuren gezieret dergleichen nie ist aussgangen. Jetzund erst durch den weitberunhmbten Jost Amman wonhafft zu Nurnberg gerissen. *Getruckt zu Franckfurt am Mayn in Verlegung Sigmund Feyrabends*, 1586, in-4°, vélin.

Bel exemplaire de l'édition allemande du *Gynæceum*, recueil de costumes de femmes de toutes les nations. Elle contient les 122 mêmes figures de *Jost Ammam*, gravées sur bois.

35. Schone aûsserlesene Figuren und hohe Lehren von der Begnadeten Liebhabenden seele Nemlich der Christichen Kirchen und ihrẽ Benacht Jesu

Christo. Texte et 196 planches gravées par Jacob von der Heyden. *S. l., Gedrucht von Johan. Erhard Wagner,* 1618-1628, in-4 vélin.

36. Les Metamorphoses d'Ovide, de nouveau traduites en françois (par Nicolas Renouard) et enrichies de figures chacune, selon son subiect. *A Paris, chez la veufue M. Guillemot, S. Thiboust et Mathieu Guillemot,* 1622, in-fol., veau brun, dos orné.

Exemplaire en GRAND PAPIER contenant 1 titre gravé par *J. Briot;* fleurons et nombreuses figures par *Crispin de Pas, Briot, Martin de Voss,* etc.

37. INSTRUCTION DU ROY en l'exercice de monter à cheval, par Messire Antoine de Pluvinel, son Soubs-Gouverneur, conseiller en son conseil d'Estat et son Ecuyer principal (publié par René de Menou). Le tout enrichi de grandes figures en taille-douce, dessinées et gravées par Crispian de Pas le Jeune. *A Paris, chez Michel Nivelle,* 1625, in-fol., titre gravé, portr. et planches, vél. (*Anc. rel.*)

Exemplaire bien complet de la première édition conforme au manuscrit de l'auteur.

38. Les sainctes Prières de l'âme chrestienne, escrites et gravées après le naturel de la plume, par P. Moreau, Maître Escrivain juré, à Paris, 1632. *Et se vendent chez ledict Moreau,* pet. in-12, mar. rouge, fil., milieu orné de compart. en losange, au pointillé, avec petits fers dorés au milieu, tr. dor., fermoirs. (*Rel. anc.*)

Petit volume, entièrement gravé, dédié à la reine Marie de Médicis.

39. Recueil de Vues des Monuments de Paris, des principales résidences royales et des principaux châteaux de France, de quelques vues d'Italie, dessinées et gravées par Perelle. *Paris, Mariette, s. d.*, in-fol. obl., veau marbré.

Recueil contenant 284 planches dont 70 vues de Paris, 35 de Chantilly, 58 de Versailles, 14 de Saint-Cloud, 12 de Fontainebleau, 7 de Marly (dont 2 avant la lettre), 7 de Meudon, 4 de Saint-Germain-en-Laye, 4 de Sceaux, etc.

LIVRES ILLUSTRÉS

DES XVIIIe ET XIXe SIÈCLES

LIVRES ILLUSTRÉS

DES XVIIIe ET XIXe SIÈCLES

---

40. Nouveau recueil d'estampes faittes pour l'édition in-12 des *Fables* de M. de la Motte, de l'Académie françoise. Inventées et gravées par C. Gillot, peintre du Roy. *A Paris, chez Huquier*, *s. d.*, gr. in-8°, broché.

Titre, frontispice et 114 vignettes tirées à deux sur la même feuille.

41. Nouveaux contes à rire et aventures plaisantes ou récréations françoises. *Cologne*, 1722, 2 vol. petit in-8°, mar. vert, fil., tr. dor. (*Rel. anc.*)

Frontispices et figures à mi-page, gravées à l'eau-forte.

42. LE SACRE DE LOUIS XV, Roy de France et de Navarre, dans l'église de Reims, le dimanche XXV octobre 1722 (*Paris*, 1723), gr. in-fol., texte gravé, grandes vignettes et planches de costumes gravées, grandes planches doubles par Audran,

Beauvais, Cochin père, Edelinck, Drevet, etc., mar. bleu, larges dent., dos orné, tr. dor. (*Anc. rel.*)

Belle reliure de Padeloup, très fraîche, aux armes royales.

43. Les Amours pastorales de Daphnis et Chloé (traduites du grec de Longus par J. Amyot). *S. l.* (*Paris, Coustelier*), 1731, in-12, mar. bleu, large dent. sur les plats, dos orné, gardes de papier dor., tr. dor. (*Rel. anc.*)

Frontispice non signé et 8 figures de *Scotin.*
Bel exemplaire auquel on a ajouté le frontispice de *Coypel* et les 28 figures du *Régent* de l'édition de 1718.

44. Figures de modes dessinées et gravées à l'eau-forte par Watteau et terminées au burin par Thomassin le fils. *A Paris, chez Duchange, s. d.*, titre gravé et 9 planches. — Figures françoises et comiques nouuellement inventées par Watteau. *Se vendent à Paris, chez le Sr du Change, s. d.*, titre gravé par Hecquet et 8 planches gravées par Cochin, Deplace et Thomassin. En un vol. in-4° obl., demi-rel. mar. orange.

Il manque une planche à la seconde suite.
Pièces à grandes marges, sauf quatre, deux dans chaque suite.

45. ŒUVRES DE MOLIÈRE, nouvelle édition. *Paris,* 1734, 6 vol. gr. in-4°, portrait de Molière par Coypel, 33 figures de Boucher, gravées par Laurent Cars, vignettes et culs-de-lampe, mar. rouge, fil., dos ornés, tr. dor. (*Rel. anc.*)

Bel exemplaire de PREMIER TIRAGE dans une bonne reliure de l'époque, très fraîche. Livre très rare en maroquin ancien.

46. REPRÉSENTATION DES FÊTES DONNÉES PAR LA VILLE DE STRASBOURG pour la convalescence du Roi; à l'arrivée et pendant le séjour de sa Majesté en cette ville. Inventé, dessiné et dirigé par J.-M. Weiss, graveur de la ville de Strasbourg. *S. l. n. d.* (1745), gr. in-fol., titre grav. par Marvye, portr. de Louis XV à cheval, par Parrocel, 11 grandes pl. doubles dessinées par Weiss, grav. par Le Bas, 2 jolies vign., et 20 pages de textes grav., avec encadrem., mar. rouge, dent., grande fleur de lis aux angles, dos orné, tr. dor. (*Anc. rel.*)

Très bel exemplaire dans une reliure très fraiche aux armes royales.

47. Œuvres de M. Boileau Despréaux, nouvelle édition avec des éclaircissements historiques donnés par lui-même et rédigés par M. Brossette, avec des remarques et des dissertations critiques par M. de Saint-Marc. *A Paris, chez David et Durand*, 1747, 5 vol. in-8, portrait, vignettes par Eisen, culs-de-lampe et figures pour le Lutrin par Cochin, mar. vert à longs grains, grand encadrement de filets, dos orné, tr. dor.

Reliure très fraîche dans le genre de Bozérian.
Exemplaire imprimé sur papier fin.

48. La Légende joyeuse ou les cent une leçons de Lampsaque. *A Londres, chez Pynne*, 1749-1752, 3 parties in-32, mar. rouge, fil., tr. dor. (*Rel. anc.*)

Ce petit Recueil, entièrement gravé, est orné d'un frontispice, répété à chaque partie, et de trois vignettes.

Exemplaire aux armes de J. B. F. DESMARETZ, marquis de MAILLEBOIS.

49. L'Éloge de la Folie, traduit du latin d'Érasme par M. Gueudeville. Nouvelle édition revue et corrigée sur le texte de l'édition de Basle, ornée de nouvelles figures, avec des notes (par Meusnier de Querlon). *S. l.* (*Paris*), 1751, in-4°, front., 13 fig., vignette et cul-de-lampe d'Eisen, veau marb.

Exemplaire imprimé sur GRAND PAPIER.

Portrait d'Érasme, gravé par *Lecœur*, à la manière noire, d'après *des Rais*, ajouté.

50. FABLES CHOISIES MISES EN VERS. (Publiées avec la Vie de l'auteur par M. de Montenault). *Paris, Desaint et Saillant,* 1755-1759, 4 vol. in-fol., figures d'Oudry, mar. rouge, dent., dos ornés, dent. int., tr. dor. (*Rel. anc.*)

Bel exemplaire imprimé sur PAPIER MOYEN DE HOLLANDE. Épreuves du premier tirage.

La dentelle des plats des reliures est ornée de dauphins couronnés. Légères différences dans la décoration des reliures.

51. Tablettes historiques, topographiques et phisiques de Bourgogne pour l'année 1775. *Paris et Dijon*, 1755, très pet. in-12, mar. bleu, plaque dorée sur les plats, tr. dor. (*Rel. anc.*)

Cet almanach, dédié au Prince de Condé, est orné du portrait de ce Prince et d'un joli frontispice par *Gabriel de Saint-Aubin*, gravés par *Fessard*.

Reliure de *Dubuisson*.

52. LE DECAMÉRON DE JEAN BOCCACE. *Londres* (*Paris*), 1757-1761; 5 vol. in-8, mar. rouge,

fil., fleurons aux angles, dos ornés, tr. dor. (*Rel. anc.*)

5 frontispices, 1 portrait, 110 figures et 97 culs-de-lampe par *Gravelot, Boucher, Cochin* et *Eisen*.

Très bel exemplaire provenant de la bibliothèque du comte de Mosbourg.

53. ŒUVRES DE RACINE. *Paris*, 1760, 3 vol. in-4, port. par Daullé, 12 figures, 13 vignettes et 60 culs-de-lampe par de Sève, mar. rouge, fil., dos ornés, tr. dor. (*Rel. anc.*)

Bel exemplaire dans une bonne reliure ancienne.

54. Lettres d'une Peruvienne (par Madame de Grafigny). Nouvelle édition augmentée de plusieurs lettres et d'une introduction à l'Histoire. *Paris, Duchesne*, 1761, 2 vol. in-12, mar. rouge, fil., dos ornés, tr. dor. (*Rel. anc.*)

2 titres gravés non signés et 2 figures d'*Eisen*, gravées par *De Lafosse*.

Reliure très fraîche.

55. CONTES ET NOUVELLES EN VERS, par M. de La Fontaine. *A Amsterdam* (*Paris*, *Barbou*), 1762, 2 vol. in-8, mar. rouge, larges encadrements dorés, dos ornés de lyres et de colombes, doublés de tabis rose, tr. dor. (*Rel. anc.*)

Édition publiée aux frais des Fermiers généraux, elle est ornée de figures d'*Eisen* et de culs-de-lampe de *Choffard*.

Superbe exemplaire dans la reliure dite de présent, exécutée par Derome et décorée de fers dessinés par Gravelot.

De la bibliothèque de M. Destailleur.

56. Étrennes françoises dédiées à la ville de Paris pour l'année jubilaire du règne de Louis le bien-

aimé, par l'abbé de Petity, prédicateur de la Reine. *Paris, Simon,* 1766, in-4, broché, non rogné.

Ce volume renferme 2 planches d'armoiries, 5 très jolies figures de *G. de Saint-Aubin*, et 1 figure par *Gravelot.*

Exemplaire de premier tirage non rogné et non coupé.

57. LES MÉTAMORPHOSES D'OVIDE, en latin et en françois, de la traduction de M. l'abbé Banier, avec des explications historiques. *A Paris, chez Prault,* 1767-1771, 4 vol. in-4, 1 front., 3 planches de dédicace, 4 fleurons sur les titres, 30 vignettes, 1 cul-de-lampe et 140 figures de Boucher, Eisen, Gravelot, Leprince, Monnet, Moreau, etc., mar. rouge, fil., dos ornés, tr. dor. (*Rel. anc.*)

Très bel exemplaire de premier tirage dans une excellente reliure de l'époque, très fraîche.

58. LES BAISERS, précédés du mois de Mai, poëme (par Dorat). *A La Haye et se trouve à Paris, chez Lambert,* 1770, in-8, papier de Hollande, front., vignettes et culs-de-lampe d'Eisen, mar. citron. fil., dos orné, tr. dor. (*Rel. anc.*)

Très bel exemplaire imprimé sur GRAND PAPIER. Excellentes épreuves des figures d'*Eisen.*

59. LE TEMPLE DE GNIDE. Nouvelle édition, avec figures, gravées par N. Le Mire, d'après les dessins de Ch. Eisen. Le texte gravé par Drouet. *A Paris, chez Le Mire, graveur,* 1772, gr. in-8, mar. rouge, fil., armoiries dans les angles, dos orné, tr. dor. (*Rel. anc.*)

Très bel exemplaire avec le portrait et les 9 figures

d'*Eisen* en excellent tirage, la dernière figure a pour légende : *La chaleur va les faire renaître.*

Reliure de Derome, très bien conservée, portant aux angles des plats et en tête du dos les armoiries de Blondel d'Azincourt, célèbre bibliophile.

60. Almanach iconologique. Année 1772. Huitième suite par M. Gravelot. L'Homme. *Paris, Lattré*, 1772, in-24, mar. blanc, plats et dos de mar. vert, fil. et fleurons dor., tr. dor. (*Rel. anc.*)

Titre gravé et 12 figures.

Au milieu de chacun des plats un petit médaillon gouaché, sous talc : *L'Expérience*, *l'Ouïe*.

61. Annales du règne de Marie-Thérèse, impératrice douairière, reine de Hongrie et de Bohême, archiduchesse d'Autriche, etc., dédiées à la Reine, par M. Fromageot. *A Paris, de l'Imp. de Prault*, 1775, in-4, veau marb., tr. roug. (*Rel. anc.*)

Portrait de Marie-Thérèse gravé par *Cathelin* d'après *Ducreux*, 2 portraits en médaillon gravés d'après *Moreau*, par *Gaucher* et 4 figures de *Moreau*, gravées par *Duclos*, *de Launay*, *Prevost* et *Simonet*.

Bel exemplaire imprimé sur GRAND PAPIER.

62. Adonis (imité du chant huitième de l'*Adone* du cavalier Marin, par Fréron et le duc Colbert d'Estouteville). *Paris, Musier*, 1775, in-8, veau écaille, fil., tr. dor. (*Rel. anc.*)

Frontispice, titre gravé, vignette et cul-de-lampe d'*Eisen*, gravés par *Ponce*.

63. Jardin de Monceau, près Paris, appartenant à Son Altesse Serenissime Monseigneur le duc de

Chartres. *Paris*, *Delafosse,* 1779, in-fol., dos et coins veau marbré. (*Rel. anc.*)

Plan et 17 belles planches de *Carmontelle*, gravées par Colibert, Couché, Deni, Croutelle, Legrand, Lesueur, Lépine, Michel, Michaud, Leroi.

Ces planches, animées de nombreux personnages, sont fort intéressantes pour les costumes.

Bel exemplaire aux armes de Suède.

64. La Pucelle d'Orléans, poëme (de Voltaire) en vingt-un chants, avec des notes. Auquel on a joint plusieurs pièces qui y ont rapport. *A Londres* (*Cazin*), 1780, 2 vol. in-18, front. et vignettes à mi-page, mar. rouge, fil., tr. dor. (*Rel. anc.*)

Joli exemplaire recouvert d'une reliure d'une grande fraîcheur.

65. Les Saillies de Momus, seconde partie des *Plus courtes folies sont les meilleures*, *ou du passe-temps de Dames*. Élite des plus jolis contes en vers. *A Paris, Desnos*, *s. d.* (1780), in-24, mar. rouge, fil., tr. dor. (*Rel. anc.*)

Frontispice et 12 figures AVANT la lettre.

66. Mémoires historiques sur Raoul de Coucy. On y a joint le Recueil de ses chansons en vieux langage avec la traduction de l'ancienne musique. *Paris*, *Imprimerie de Pierres*, 1781, 2 tomes en 1 vol. pet. in-8, portraits, cuir de Russie, dent. à froid, ornements dorés dans le style persan, tr. dor.

Bonne reliure de *Duplanil*.

67. La Fleur des Plaisirs; étrennes chantantes à la mode, dédiées aux Grâces, enrichies de figures, et

suivies du *Gazetier chantant*, avec tablettes économiques. *Paris, Desnos* (1783), in-24, mar. rouge, fil., tr. dor. (*Rel. anc.*)

Cet almanach est orné d'un charmant frontispice : l'*Apothéose* et de 11 jolies figures, non signés. Le frontispice représente le portrait de Marie-Antoinette, dans un médaillon, couronné de fleurs par les Grâces.

68. Étrennes de l'amour, des ris, des jeux et des plaisirs. Almanach chantant orné de gravures faites par un célèbre artiste. *Paris, Boulanger, s. d.* (1784), in-24, soie blanche, richement brodée de paillettes or et couleur, médaillon sur les plats, tr. dor. étui de mar. rouge, fil. et médaillon dor. (*Rel. anc.*)

Un des plus jolis almanachs illustrés du XVIIIe siècle. Il est orné d'un titre gravé (qui manque ici) et de 12 charmantes figures de *Queverdo* : *Les Étrennes d'amour. — La Toilette d'une jolie femme. — Le Rafraîchissement de la Chasse. — L'Agrément de la Pêche. — Le May. — La Promenade sur l'eau. — Zélis au bain. — Les Moissonneurs. — Le Plaisir de la Chasse. — La Guinguette. — La Marchande d'huîtres. — L'heureux ménage.*

69. CHANSONS NOUVELLES de M. de Piis, écuyer, dédiées à Monseigneur le comte d'Artois. *Paris, Imprimerie de Ph. D. Pierres*, 1785, in-12, front. de Choffard, fig. de Le Barbier, musique gravée, mar. rouge, encadrement formé de 5 filets avec fleurettes à petits fers, dent. int., NON ROGNÉ. (*Joly.*)

Très joli exemplaire relié sur brochure. Les 12 figures de *Le Barbier* sont AVANT les numéros.

70. Monumens de la vie privée des douze Cesars, d'après une suite de pierres et médailles gravées

sous leur règne (par d'Hancarville). *A Rome* (*Nancy*), 1785. — Monumens du culte secret des dames romaines. *Ibid.*, 1787. — Ens. 2 vol. pet. in-4, 2 front. et 100 pages, cartonn., non rog.

Beaux exemplaires.

71. Estampes destinées à orner les éditions de M. de Voltaire, dédiées à Monseigneur, le Prince de Prusse, par J. M. Moreau. *Paris, l'Auteur*, *s. d.*, gr. in-8, en feuilles.

Première suite de *Moreau* pour l'édition de Kehl; très belles épreuves à toutes marges contenant 15 portraits et 95 planches pour le *Théâtre*, la *Pucelle*, les *Romans*, etc.

72. Voltaire. 40 fig. dessinées par Moreau, gravées par Romanet, Delvaux, Simonet, Ingouf, etc., pour les Œuvres de Voltaire, édition de Kehl.

Épreuves à TOUTES MARGES et AVANT LA LETTRE. Contenant : 35 pièces pour le *Théâtre*. — L'*Apothéose de Pierre le Grand*. — La *Maladie de Louis XV*. — *Amélie ou le duc de Guise* et 2 autres pièces.

73. L'Optimisme des Nouveauté (*sic*) ou l'effusion sentimentale. Almanach nouveau. *A Paris, chez Jubert, s. d.* (1788), in-32, mar. blanc, comp. dor., étui. (*Rel. anc.*)

Titre gravé et 12 charmantes figures dans la manière de *Binet*. Elles ont été coloriées et gouachées à l'époque.

74. La Journée d'une jolie femme, suivie du petit chansonnier françois. *Paris, Desnos, s. d.* (1788), in-24, mar. rouge fil., tr. dor. (*Rel. anc.*)

12 figures non signées : *Le Génie et les Grâces ; — le Réveil ; — le Lever ; — la Toilette ; — le Déjeuner ; — le Dîner ;*

— *le Jeu; — la Promenade; — le Spectacle; — le Cercle; — le Bal; — le Coucher.*

75. La Pythonisse de Lutèce, ou les secrets à demi découverts. Almanach orné de jolies gravures. *Paris, Jubert, s. d.* (1789), in-24, mar. rouge, fil., tr. dor. (*Rel. anc.*)

Frontispice et 12 jolies figures intéressantes pour les costumes; elles ont été coloriées à l'époque.

76. Monument du costume physique et moral de la fin du dix-huitième siècle, ou tableaux de la vie, ornés de figures dessinées et gravées par M. Moreau le jeune, dessinateur du Cabinet de S. M. T. C., et par d'autres célèbres artistes. (Texte par Restif de la Bretonne.) *A Neuwied sur le Rhin, chez la Société typographique,* 1789, in-fol., mar. rouge, fil., dos orné, tr. dor. (*Marius Michel.*)

26 estampes de *Moreau* et *Freudeberg*, gravées par *Baquoy, Dambrun, Delignon, Halbou, Patas, Romanet, Thomas*, etc.

Bel exemplaire.

77. Époques les plus intéressantes des révolutions de Paris, ou le triomphe de la liberté; dédiées aux bons citoyens. *A Paris, chez Boulanger, s. d.* (1790), in-32, mar. rouge, encadrement doré, tr. dor. (*Rel. anc.*)

Almanach rare, orné de 14 très intéressantes figures dont voici les titres : *La famille royale venant à Paris est gardée par les Parisiens et Parisiennes; — Le roi convoque les États-Généraux; — Le prince de Lambesc assassine un vieillard au Jardin des Tuileries; — Le curé de Saint-Étienne du Mont court aux Invalides prendre des armes; — Le prevôt des marchands, convaincu de trahison, est massacré à la Grève; — Prise de la Bastille; — Triomphe du brave grenadier qui est monté le premier à la Bastille; — Le roi apporte la paix à Paris et les clefs lui sont présentées par M. Bailli; — Foulon accroché à la lanterne; — L'intendant de Paris conduit à l'hôtel de ville, et le peuple l'attache à la lanterne; — La ville de Paris nomme commandant de la milice, M. le marquis de la Fayette; — Les dames de la Halle complimentent Leurs Majestés à leur arrivée à Paris; — La garde nationale parisienne ayant prêté serment passe sous les drapeaux; — Le Roi promet à la troupe nationale de venir à Paris avec son auguste famille.*

Curieuse et jolie petite reliure ornée sur les plats d'un fer représentant la Bastille avec l'inscription : *Bastille*, 1789, et au-dessous deux canons. Elle est reproduite dans l'*Album*.

78. Le Narcotique des sages ou le véhicule de la Folie, almanach orné de jolies gravures. *Paris, Janet, s. d.* (1791), in-24, mar. rouge, plats ornés de petits fers, médaillon au centre, tr. dor. (*Rel. anc.*)

Titre gravé et 12 jolies figures intéressantes pour les costumes.

79. Le Triomphe du sentiment ou les mœurs corrigées, almanach orné de jolies gravures. *Paris, Janet, s. d.* (*an II*), in-24, mar. rouge, plats ornés de comp., guirlandes de fleurs et médaillons dor., glace et pochette intérieures, tr. dor. (*Rel. anc.*)

Titre gravé et 12 figures.
Jolie petite reliure, très fraîche.

80. Calendrier de la République française pour l'année 1793. *Paris, veuve Herissant*, 1793, in-24, soie blanche richement brodée de paillettes en or, comp.

et bouquet de fleurs, tr. dor., étui de mar. rouge, fil. (*Rel. anc.*)

Petite reliure très fraîche.

81. L'Esprit des amans ou les Amours du siècle. Almanach orné de jolies gravures. *Paris, Janet, s. d.* (1793), in-24, mar. rouge, compart., guirlandes de fleurs et médaillon dor. sur les plats, tr. dor. (*Rel. anc.*)

Titre gravé et 12 figures.

82. Les Liaisons dangereuses. Lettres recueillies dans une société, et publiées pour l'instruction de quelques autres, par C*** (Choderlos) de L*** (Laclos). *Londres* (*Paris*) 1796, 2 vol. in-8°, veau jaspé, fil. à froid, dos ornés, tr. jasp. (*Rel. anc.*)

2 frontispices et 13 figures de *Monnet, Mlle Gérard* et *Fragonard fils.*
Bel exemplaire dans une reliure très fraîche.

83. Œuvres poissardes de J.-J. Vadé, suivies de celles de Lecluse. *A Paris, chez Defer de Maisonneuve,* 1796, in-4°, cartonné.

Édition ornée de 4 très belles figures de *Monsiau*, gravées en couleurs.
Exemplaire grand de marges, avec témoins.

84. Œuvres de P.-J. Bernard, ornées de gravures d'après les desseins (*sic*) de Prudhon; la dernière estampe gravée par lui-même. *A Paris, de l'Impri-*

merie de P. Didot l'aîné, 1797, *an* V, gr. in-4°, cartonn., non rogné.

4 figures par *Prudhon*, gravées par *Beisson, Copia* et *Prudhon*.

85. HISTOIRE DE MANON LESCAUT et du chevalier des Grieux, par l'abbé Prévost. *A Paris, de l'Imprimerie de P. Didot l'aîné,* 1797, 2 vol. in-18, mar. rouge à longs grains, fil. à froid, tr. dor. (*Bozérian.*)

Joli exemplaire, imprimé sur PAPIER VÉLIN, contenant la suite des 8 figures de *Lefèvre* en deux états : avec la lettre et EAUX-FORTES.

86. Lettres d'une Péruvienne, par Mme de Grafigny. Nouvelle édition augmentée d'une suite qui n'a point encore été imprimée. *A Paris, de l'Imprimerie de P. Didot l'aîné, an V,* 1797, 2 vol. gr. in-18, portr. et fig., veau fauve, dent., dos ornés, tr. dor.

Un des 100 exemplaires imprimés sur GRAND PAPIER VÉLIN, avec les 8 figures de *Lefèvre* AVANT la lettre.

Bel exemplaire, dans une jolie reliure de l'époque, genre Bozérian.

86 *bis*. Les Amours du chevalier de Faublas, par J.-B. Louvet. Troisième édition revue par l'auteur. *Se vend à Paris, chez l'auteur, an VI de la République* (1798), 4 vol. in-8, papier vélin, fig., veau fauve, dos ornés, dent., tr. dor. (*Simier.*)

Bel exemplaire imprimé sur PAPIER VÉLIN avec 27 figures dessinées par *Demarne, Dutertre, Mlle Gérard, Marillier, Monsiau* et *Monnet*, gravées par *Saint-Aubin, Tilliard, Halbou, Dupréel, Choffard, Baquoy, Le Mire, Patas,* etc.

Épreuves AVANT la lettre.

87. ŒUVRES DE GRESSET. Nouvelle édition, augmentée de pièces inédites et ornée de figures en taille-douce. *Paris, Bleuet jeune,* 1803, 2 tomes en 3 vol. pet. in-12, mar. bleu foncé, dent., dos ornés, doublés de mar. citron, dent., gardes de papier doré, tr. dor. (*Simier.*)

Exemplaire imprimé sur GRAND PAPIER VÉLIN, dans une jolie reliure très fraîche.

Portrait gravé par *A. de Saint-Aubin* et 5 figures de *Moreau.*

88. Odes d'Anacréon, traduites en vers sur le texte de Brunck, par J.-B. de Saint-Victor. *Paris, Nicolle,* 1810, in-8°, pap. vélin, veau vert, dentelle de feuillage, milieu sablé d'or, dos orné, tr. dor.

Curieuse reliure.

4 figures de *Bouillon* et *Girodet*, gravées par *Ab. Girodet.*

89. Almanach des modes et Annuaire des modes réunis. Deuxième année. *Paris, Rosa,* 1815, in-18, cartonné en soie citron, dent., tr. dor., étui.

6 figures de modes, coloriées, gravées par *Gatine* d'après *Horace Vernet.*

90. Miroir des modes parisiennes. *Paris, Janet, s. d.* (1824), in-24 cartonné, tr. dor., étui.

6 figures de modes coloriées; elles sont non signées.

91. Livre d'amour ou folâtreries du vieux tems. *A Paris, chez Louis Janet, s. d.*, in-12, titre et figures coloriés, mar. rouge à longs grains, fil. dorés et dent. à froid, tr. dor. (*Rel. de l'époque.*)

Exemplaire de J.-J. de Bure, avec sa signature sur le feuillet de garde.

92. Chants et Chansons populaires de la France. *Paris*, *Delloye*, 1843, 3 vol. gr. in-8°, fig. de Daubigny, Grandville, Meissonier, etc., demi-rel. veau bleu, non rognés.

Bel exemplaire de premier tirage, relié à l'époque avec les couvertures illustrées et auquel on a ajouté le tirage à part de 4 gravures, épreuves d'artiste avant la gravure du texte, pour *Le roi Dagobert* (2 pl.), *La belle Bourbonnaise* et *La nouvelle Bourbonnaise*.

93. BÉRANGER. Œuvres complètes de P. J. De Béranger, nouvelle édition revue par l'auteur, illustrée de cinquante-deux belles gravures sur acier. *Paris*, *Perrotin*, 1847, 2 tomes en 4 vol. — Dernières chansons de P. J. de Béranger, de 1834 à 1851. *Paris, Perrotin,* 1857, 1 vol. — Chansons de Béranger. Supplément. *Paris, chez les marchands de nouveautés*, 1866, 1 vol. — Musique des chansons de Béranger, airs notés anciens et modernes, revue par Fr. Bérat. *Paris*, *Perrotin*, 1865, 1 vol. — Ma Biographie, écrite par Béranger avec un appendice et des notes. *Paris, Perrotin,* 1860, 1 vol. — Ensemble 8 vol. in-8, mar. rouge, comp. de fil. sur les dos, et comp. de fil. sur les plats avec branchage dans les angles, doublure et gardes en moire verte foncée, et comp. de fil. or sur mar. rouge. (*Rel. de Marius Michel.*)

Belle édition, la dernière publiée du vivant de l'auteur. Les *Chansons* de 1847 sont ornées de 52 gravures sur acier d'après les dessins de *MM. Charlet, A. de Lemud, Johannot, Daubigny*, *Pauquet*, *Jacques*, *J. Lange* et *Pinguilly*.

Épreuves de premier tirage exécuté par la maison *Chardon aîné* et *Aze*.

On y a ajouté :

1. — La suite de 120 figures gravées sur bois d'après *Grandville* et *Raffet*.

Épreuves sur *Chine*.

2. — La suite de 108 vignettes par *V. Adam, Bellangé Boilly, Boulanger, Charlet, Descamps, Devéria, Lami, Monnier, Ary Scheffer*.

Épreuves sur *Chine*.

3. — La suite complémentaire des 8 vignettes de *Tony Johannot*.

Épreuves sur *Chine*.

4. — La suite de 7 vignettes gravées sur bois, d'après *Daubigny*.

5. — La suite de 40 fig. d'*Henri Monnier*, lithographiées et coloriées, avec 4 fig. du même ajoutées; *Les petits coups; Ma vocation; Mon habit; L'orage,* tirage postérieur.

6. — 4 portraits de Béranger, le 1er gravé par *Hopwood* et sur *Chine;* le 2e gravé par *Dutillois* d'après *Scheffer*, sur *Chine;* le 3e gravé par *Pannier* d'après *Sandoz*, en double état et le 4e gravé par *Thompson*, sur *Chine*.

Les *dernières chansons* contiennent : 1 portrait de Béranger gravé par *Massard* d'après *Sandoz*, un fac-similé d'une lettre de Béranger adressée à l'éditeur Perrotin et 14 figures de *Lemud*, gravées sur acier, en double état : avec et AVANT LA LETTRE sur *Chine*.

On y a ajouté une suite de 24 figures d'*Henry Monnier*, lithographiées par *Gérard* et *Joinville* et coloriées.

On a ajouté au *Supplément* (Chansons ér...).

1. — 1 frontispice de *Rops* tiré en sanguine.

2. — 21 sujets libres non signés, lithographiés et coloriés.

3. — 14 vignettes libres attribuées à *H. Monnier* lithographiées et coloriées.

Le volume : *Ma Biographie*, contient un portrait en pied de Béranger dessiné par *Charlet;* une photographie d'après le marbre de *M. Geoffroy Dechaume*, et 8 figures gravées sur acier d'après *Daubigny*, *Sandoz* et *Vattier*, en double état : avec et AVANT LA LETTRE sur *Chine*.

En tête de ce dernier volume on a ajouté une lettre de Béranger de 2 pages autographes et signée, datée de Passy, 30 janvier 1847, répondant aux demandes de conseils d'un écrivain. « *Si donc vous voulez continuer de rimer appliquez-vous à l'étude de notre versification et ne négligez pas celle de notre langue.* »

94. Œuvres complètes d'Alfred de Musset, avec lettres inédites, variantes, notes, index, fac-simile, notice

biographique par son frère, ornée de 28 dessins de M. Bida et d'un portrait d'Alfred de Musset d'après l'original de M. Landelle, gravés sur acier sous la direction de M. Henriquel-Dupont par les premiers artistes. *Paris, Charpentier*, 1866, 10 vol. gr. in-8, fig., dos et coins de mar. orange, fil., dos ornés, têtes dor., non rognés. (*David.*)

Édition dédiée aux amis du poète. Imprimée sur PAPIER DE HOLLANDE, avec les figures de *Bida* en épreuves AVANT LA LETTRE, sur *Chine*.

RELIURES

DES XVIe ET XVIIe SIÈCLES

RELIURES

DES XVIe ET XVIIe SIÈCLES

---

95. M. Vitruvii de architectura libri decem, summa diligentia recognita atq; excusi... additis Julii Frontini de aqueductibus libris, propter materiæ affinitatem, 1523, in-8, veau fauve, fers à froid, cordons. (*Rel. du XVI*e *siècle.*)

Curieuse reliure du XVIe siècle, ornée sur les plats de deux compartiments contenant huit petits médaillons renfermant divers animaux et oiseaux. Entre ces deux compartiments se trouve une petite frise représentant quatre petits personnages (hommes et femmes) dansant, conduits par une folie.

Cette édition, imprimée en lettres italiques, sort des presses lyonnaises.

96. Terentius. (A la fin :) *Venetiis, in ædibus Aldi, et Andreæ Asulani soceri, mense Junio* MDXXI (1521), in-8, mar. rouge, encadrem. de filets et de fers XVIe siècle, fleurons, tr. dor. (*Rel. du XVI*e *siècle.*)

Belle reliure italienne (reproduite dans l'*Album*) d'une conservation parfaite. Le titre du livre se trouve, dans un médaillon, sur un des plats; et sur l'autre plat, les lettres IA*OB, peut-être les premières lettres des prénom et nom de l'amateur du XVIe siècle pour lequel ce livre a été relié.

97. Aristotelis ad Nicomachum filium de Moribus, quæ Ethica nominantur, libri decem, Joachimo Perionio Cormœriaceno interprete. Eorundem Aristotelis librorum compendium per Hermolaum Barbarum. *Basileæ, per Joan. Oporinum, s. d.* in-8, mar. rouge, large encadrement dont le milieu est entièrement orné de fers pleins et de fleurons de filets, le tout à petits fers, dos orné, tr. dor. et cisel. (*Rel. anc.*)

Jolie reliure du XVIe siècle bien conservée.

98. Hesiodi Ascraei opera et dies. Theogonia, Scutum Herculis. Omnia vero cū multis optimisq; expositionibus (græce, cum scholiis græcis, edente Victore Trincavelo). *Venetiis, in ædibus Bartholomæi Zanetti Casterzagensis, œre uero & diligentia Ioannis Francisci Trincaueli. Anno a partu uirginis MDXXXVII, Mense Junio*, in-4, fig. sur bois, mar. rouge, encadrement et milieu de fers du XVIe siècle pleins et dorés, tr. dor. (*Rel. du XVIe siècle.*)

Belle reliure du XVIe siècle, un peu restaurée.
Bonne édition, recherchée.

99. JOANNIS FRANCISCI PICI MIRANDULAE DOMINI concordiaeque comitis, liber de providentia Dei contra Philosophastros. (A la fin :) *Anno a partu Virginis 1508 No. November, in suburbio Novi sub Albertii Pii Carpi domini ditione*, pet. in-fol, veau brun, compart. de filets droits et courbes entrelacés, tr. dor.

Précieux exemplaire de GROLIER avec son nom et le

titre du livre sur un des plats de la reliure, et sa devise sur l'autre plat.

M. Leroux de Lincy décrit ce volume, dans ses *Recherches sur Jean Grolier* (N° 208) et qualifie cette reliure de *très remarquable*.

Légères restaurations.

Voir dans l'*Album* la reproduction, un peu réduite, de cette belle reliure.

100. HOMERI poetae clarissimi Odyssea, Andrea Divo Justinopolitano interprete, ad verbū translata. Ejusdem Batrachomyomachia, id est, Ranarū & muriū pugna, Aldo Manutio Romano interprete. Ejusdem hymni deorum XXXII Georgio Dartona Cretense interprete. (A la fin :) *Venetiis, Apud D. Jacob à Burgofrancho* MDXXXVII, *mense Martio*, in-8, mar. brun, compart. de filets et de fers pleins, tr. dor. (*Rel. du XVIe siècle.*)

Très riche reliure rappelant tout à fait les belles reliures faites pour Grolier. Le titre du volume est doré sur le premier plat et sur le second, on lit : RENATI THEVENIN ET AMICORUM.

Cette précieuse reliure (dont la reproduction se trouve en tête de ce catalogue) provient de la vente Destailleur, de 1891, où elle a été achetée 1850 fr. Elle est d'une conservation parfaite.

101. DISCORSI DI NOBILTA. Della vita del nobile, et del prencipe, et del regimento di se stesso, della casa et Republica sua. Partiti in sei dialoghi di Marco de la Frata et Mont'Albano. *In Vinegia del* 1549, in-8, mar. brun, compart. de filets et de fers pleins, tr. dor. (*Rel. du XVIe siècle.*)

Précieux exemplaire de TH. MAIOLI avec sa devise : *Th. Maïoli et amicorum* sur un des plats de la reliure et le titre du volume sur l'autre plat.

Cette belle reliure (reproduite dans l'*Album*), dont la conservation est parfaite, n'a subi aucune restauration. Elle a été reproduite dans le *Bulletin mensuel* de la Librairie Morgand, en 1890 (N° 18952).

102. BIBLIA Hebræa, Chaldæa, Græca et Latina nomina virorum, mulierum, populorum, idolorum, urbium, fluviorum, montium, cæterorumque locorum quæ in Bibliis leguntur, restituta, cum latina interpretatione. *Parisiis, ex officina Roberti Stephani* 1540, in-fol. réglé, veau fauve, fil., riches compartiments à la Grolier, tr. ciselée. (*Rel. anc.*)

Exemplaire en GRAND PAPIER recouvert d'une très riche et élégante reliure du XVIe siècle à compartiments de filets dorés et mosaïqués dans le genre des plus belles reliures exécutées pour Grolier.

103. PUB. OVIDII NASONIS METAMORPHOSEON libri XV. Cum indice fabularum locupletissimo. *Lugduni, apud Seb. Gryphium,* 1543, in-8, mar. brun, compart. de filets, fers pleins dorés, tr. dor. (*Rel. du XVIe siècle.*)

Précieux exemplaire de CANEVARIUS, avec son emblème et le titre du livre sur les plats.

Riche et belle reliure d'une conservation parfaite, reproduite dans l'*Album*.

104. Larbre de vie, appuyant les beaux lys de France, ou sont mis en lumiere les haults tiltres d'honneur de la croix de nostre redempteur Jesus. Autheur F. Pierre Dore, docteur en theologie. Auec les odes et cōplaintes du mesme autheur. *Pour Iehan Foucher, libraire Iure...* 1542, in-16 de 185 ff. chiff. et un f. de privilège, veau brun, comp. fers dorés, milieux, dos orné de fleurs de lis et d'oiseaux, tr. dor. et cis. (*Rel. du XVIe siècle.*)

Parmi les quelques poésies qui terminent ce volume, on

remarque une *Ode & complainte de laucteur, inuitāt le peuple de France a prier pour le roy, faict Lan de la journée de Pavie.*

Le dos de la reliure est orné d'un petit oiseau qui rappelle celui qui décore quelques volumes aux armes du Connétable de Montmorency.

De la vente du Baron J. Pichon, de 1897.

105. Le Livre de vraye et parfaicte oraison. *A Lyon, par Jean de Tournes,* 1543, in-16, de 320 pag., réglé, veau fauve, compart. de filets et de fers pleins dorés, couvrant les plats, tr. dor. (*Rel. du XVIe siècle.*)

Reliure du XVIe siècle très bien conservée avec les lettres I. L. B. M. poussées sur les deux plats dont le milieu est orné d'un petit oiseau rappelant celui qui se trouve sur les reliures du connétable de Montmorency.

106. Sonetti, canzoni e triomphi di M. Francesco Petrarca, con la spositione di Bernardino Daniello da Lucca. *In Vinegia, per Pietro et Gionmaria fratelli di Nicolini da Sabio*, 1549, in-4, fig. sur bois, mar. brun, compart. de fil. à froid, de filets et de fers pleins dorés, tr. dor. (*Rel. anc.*)

Riche reliure italienne du XVIe siècle portant les mots *il Petrarcha* sur un des plats.

La plus belle édition avec le commentaire de Bernardino Dianello da Lucca.

107. Commentaires et annotations sur la sepmaine de la création du monde de G. de Saluste, seigneur du Bartas. *Paris, Timothée Jouan*, 1582, pet. in-12, réglé, mar. olive, coins et milieu ornés, semis de petites fleurs de lis d'or, dos orné, tr. dor. (*Rel. du XVIe siècle.*)

A la fin : La Judit de G. de Saluste, seigneur du Bartas. Reveue & augmentée d'argumens, sommaires et annotations. A Madame Marguerite de France, royne de Navarre. *Paris, Timothée Jouan*, 1582.

Reliure du XVIe siècle, très bien conservée.

De la bibliothèque du baron Lucien Double.

108. De la Nature des Dieux de Marc Tul. Cicéron, père de l'éloquence & philosophie romaine, traduits en françois, par Guy Le Fèvre de la Boderie. Au Roy tres-chrestien Henry III, roy de France et de Pologne. *A Paris, chez Abel l'Angelier*, 1581, in-4, vélin, fil., coins ornés, plats semés de fleurs de lis, tr. dor. (*Rel. anc.*)

Exemplaire de dédicace aux armes de HENRI III. La reliure est fatiguée et tachée.

109. SACRA REGUM HISTORIA heroïco carmine expressa, et in XII libros redacta, per R. P. Gilbertum Filholium, abbatem Nealphæ veteris. Cum notis & chronologia ejusdem auctoris. *Parisiis, apud Federicum Morellium typographum Regium*, 1587, in-8, mar. rouge, plats entièrement dorés, tr. dor. (*Rel. anc.*)

Très belle reliure française de la fin du XVIe siècle dont les plats et le dos sont entièrement ornés de compartiments de filets droits et courbes, de rinceaux, feuillages, fleurs et fleurons azurés, le tout à petits fers. C'est un beau spécimen des reliures, avec dorure dite *à la fanfare*, attribuées à Clovis Eve. Elle est reproduite dans l'*Album*. Conservation parfaite.

110. Les Œuvres françoises de Joachim Du Bellay, gentilhomme angevin & poète excellent de ce temps. Revues, & de nouveau augmentées de plusieurs poésies non encore auparavant imprimées. *A Rouen, pour Georges l'Oyselet*, 1592, gros volume pet. in-12, veau fauve, fil., coins et milieux ornés, dos

orné de feuillages à petits fers, tr. dor. (*Rel. du XVIe siècle.*)

Au milieu des plats, dans une couronne de feuillage, monogramme formé des lettres P. D. E.

Jolie édition, imprimée en lettres italiques.

111. AULI GELLII luculentissimi scriptoris noctis atticae. *Lugduni, Apud Antonium Gryphium,* 1591, in-16, mar. vert, compart. de fil. et de couronnes de laurier, au milieu desquels se trouvent des lis, des pensées, des chardons et des marguerites, tr. dor. (*Rel. du XVIe siècle.*)

Charmant exemplaire de la reine MARGUERITE DE VALOIS, femme de Henri IV, avec ses armoiries et sa devise. Cette reliure est d'une fraîcheur absolument remarquable. Voir la reproduction dans l'*Album*.

112. Itinerarium Antonini Augusti, et Burdigalense. Quorum hoc nunc primum est editum : illud ad diversos manusc. codices & impressos comparatum, emendatum & Hieronymi Suritæ Cæsaraugustani, doctissimo commentario explicatum. Ad Cl. J. Abraham Ortelium Antverp. Geographum regium. *Coloniae Agrippinae, in officina Birckmannica,* 1600, in-8, mar. rouge, double encad. de filets, milieux et dos ornés, tr. dor. (*Rel. anc.*)

Le dos de la reliure est orné de compartiments de filets droits et courbes, remplis de feuillages et fleurons, dorés à petits fers.

113. OFFICIUM BEATÆ MARIÆ VIRGINIS Pii V Pont. Max. iussu editum. Nunc pluribus quam hactenus umquam figuris æneis illustratum. *Antverpiæ ex officina Plantiniana,* 1622, in-4, mar.

vert avec compart. de mar. remplis de mar. rouge clair doré en plein au pointillé, milieu en mar. rouge foncé également doré au pointillé, dos orné de même, tr. dor. (*Rel. anc.*)

Très riche et belle reliure de Le Gascon, d'une conservation parfaite. Ell est reproduite dans l'*Album*, un peu réduite.

Ce livre est orné de 95 figures et fleurons très bien gravés sur cuivre. De la bibliothèque Guyot de Villeneuve.

114. OVIDE. Le grand Olympe des histoires poetiques du prince de poesie Ovide Naso en sa Metamorphose. Œuvre authentique, et de hault artifice, plaine de honneste recreation. Traduict de latin en Françoys, & imprimé nouuellement, 1537. *On les vend à Paris, en la rue neusve nostre dame à l'enseigne Saint Nicolas : ou au Palais en la gallerie par ou on va à la chancellerie en la boutique de Pierre Sergent* (*de l'imprimerie d'Estienne Caveiller*), 3 vol. pet. in-8, goth. réglés, fig., mar. citron, dos orné, fil. droits et courbés, compartiments, fleurons de milieu, tr. dor. (*Rel. anc.*)

Édition ornée de nombreuses figures gravées sur bois.

Riche et élégante reliure semblable à celles qui recouvrent les volumes aux chiffres de Louis XIII et d'Anne d'Autriche, et dont l'exécution est attribuée à *Ruette*, le relieur du roi Louis XIII.

Le tome 2 a une piqûre de vers dans le haut du volume.

Des bibliothèques Gaignat et J. Ch. Brunet.

115. M. Fabii Victorini Rhetoris doctissimi commentarii in Rhetoricos M. Tullii Ciceronis, antea deminuti, nunc primum, veterum exemplarium ope, simul studiosorum hominum opera in integrum restituti. *Parisiis, ex officina Roberti Stephani,*

1537. — M. T. Cic. rhetorici, seu de inuētione lib. II. Cum M. Fabii Victorini Rhetoris doctissimi commentariis separatim expressis. *Ibid.*, *Id.*, 1537, 2 part. en 1 vol. pet. in-4°, mar. rouge, fil., tr. dor. (*Rel. anc.*)

Exemplaire au chiffre et aux premières armes de J.-A. de Thou.

116. THESAURUS ABSCONDITUS, in Agro dominico inventus : duas complectens partes. Eruebat cum R. P. Ant. Batt, Benedictinus Anglus, congregat. Angl. monach. *Parisiis, P. Rocolet*, 1647, in-12, mar. rouge, comp. de fil., remplis de fers au pointillé, doublé de mar. vert, dentelles, milieux de mar. rouge, tr. dor. (*Le Gascon.*)

Charmant exemplaire (dont la reliure est reproduite dans l'*Album*) aux armes du chancelier P. Séguier, frère de Dominique Séguier, évêque de Meaux, auquel ce livre est dédié.

Cet exemplaire a figuré dans le *Bulletin mensuel* de la librairie Morgand (n° 17361), accompagné de la note suivante : « Ravissante reliure de *Le Gascon* de la plus grande richesse avec entrelacs formés de filets droits et courbés, les compartiments remplis d'arabesques exécutées au pointillé. Nous donnons ci-contre une reproduction de cette reliure qui peut être rapprochée, pour le dessin et l'exécution, de celle qui recouvre la *Vie du cardinal de Bérulle*, exemplaire de Séguier, reliure reproduite dans la *Reliure française* de Marius-Michel (pl. XIII) et considérée comme le chef-d'œuvre de *Le Gascon.* »

117. Scorta di economia, o sia dialogo di scrittura famigliare. Opera non solo necessaria à Computisti Tutelari, e famigliari, mà ancora à qualsivoglia amministratore di universita, e Collegi. Fatica quarta di D. Giacomo Venturoli. *In Bologna*, 1666

in-4°, vélin, plats et dos entièrement dorés, tr. dor. (*Rel. anc.*)

Très jolie reliure italienne d'une conservation remarquable.

Les plats sont entièrement ornés de compartiments dorés, avec milieux et coins avec fers *à l'éventail.*

RELIURES DU XVIIIe SIÈCLE

RELIURES ROMANTIQUES

RELIURES DU XVIIIE SIÈCLE

RELIURES ROMANTIQUES

118. Traité de la Nature et de la Grâce, par le Père Malebranche, prêtre de l'Oratoire. Dernière édition, corrigée et augmentée. *Rotterdam, Reinier Leers*, 1712, in-12, réglé, mar. vert, doublé de mar. bleu, larges dentelles, tr. dor. (*Rel. de Du Seuil.*)

119. **VÉRITABLE OR POTABLE,** ou médecine universelle, 1749, par Hébert. Manuscrit in-8° de 3 ff. prélim., 53 p. et 2 ff. non chiff., mar. bleu, larges dent. à petits fers, doublé de tabis rose, dent. à petits fers, tr. dor. (*Rel. anc.*)

Curieux manuscrit de dédicace, aux armes du comte de SAINT-FLORENTIN (Louis-Phélypeaux). Il est recouvert d'une charmante reliure de PADELOUP avec larges dentelles à petits fers, parmi lesquels celui dit *à l'oiseau* et le *maillet* des Phélypeaux. Cette reliure est d'une conservation irréprochable. Sur la garde se trouve la signature de Lemazurier secrétaire du comité d'administration de la Comédie-Française, mort en 1836.

Reliure reproduite dans l'*Album*.

120. Almanach royal, année 1751. *Paris, Le Breton*, 1751, in-8°, larges dentelles, gardes de papier doré, tr. dor. (*Rel. anc.*)

Reliure de DUBUISSON.

121. Remarques sur les tragédies de Jean Racine, suivies d'un traité sur la poésie dramatique ancienne et moderne, par Louis Racine. *Amsterdam et Paris*, 1752, 3 vol. in-12, veau marb., fil., tr. dor.

Aux armes de Madame de POMPADOUR.

122. Recueil de diverses pièces servant à l'histoire de Henri III, roy de France et de Pologne. *A Cologne, chez Pierre Marteau*, 1693, in-12, mar. bleu, fil., tr. dor. (*Rel. anc.*)

Exemplaire aux armes de Madame de POMPADOUR. N° 2754 du catalogue de la vente.

123. C. JULII CÆSARIS COMMENTARIORUM de Bello Gallico, libri septem. *Parisiis, typis Josephi Barbou*, 1755, 2 vol. in-12, frontispice de B. Picart, vignettes et cartes, mar. bleu foncé, larges dentelles à petits fers, dos ornés, gardes de tabis rose, tr. dor. (*Rel. anc.*)

Bel exemplaire réglé, imprimé sur PAPIER DE HOLLANDE, dans une reliure très fraîche.

124. Dictionnaire abrégé de la Bible, pour la connaissance des tableaux historiques tirés de la Bible même et de Flavius Josephe (par Chompré). *Paris*,

Desaint et Saillant, 1755, pet. in-12, mar. vert, fil., dos orné, tr. dor. (*Rel. anc.*)

Exemplaire aux armes de MADAME VICTOIRE, fille de Louis XV.

125. Nouvel abrégé chronologique de l'histoire de France, contenant les evenemens de notre histoire, depuis Clovis jusqu'à Louis XIV, les guerres, les batailles, les sièges, etc. Nos lois, nos mœurs, nos usages, etc. (par le président Henault). *Paris*, 1756, 2 vol. pet. in-8°, mar. vert, dent. à petits fers, gardes de papier dor., tr. dor. (*Rel. anc.*)

126. Dissertation physico-médicale sur les causes de plusieurs maladies dangereuses, sur les propriétés d'une liqueur purgative et vulnéraire, qui est une pharmacopée presqu'universelle. Dédié à S. Altesse Électorale Royale Madame l'Electrice de Bavière, par Claude Chevalier, conseiller-médecin ordinaire du roi. *Paris, Herissant fils*, 1758, in-12, mar. rouge, larges dent. à petits fers, dos orné, doublé de tabis bleu, tr. dor. (*Rel. anc.*)

Reliure fraîche, aux armes de la COMTESSE D'ARTOIS.

127. COMPTE-RENDU (et second compte-rendu) DES CONSTITUTIONS DES JÉSUITES, par Louis René de Caradeuc de la Chalotais, procureur du Roi au Parlement de Bretagne, les 1, 3, 4 et 5 décembre 1761 (et les 21, 22 et 24 mai 1762), en exécution de l'arrêt de la Cour du 17 août précédent. *S. l.* (*Paris*), 1762, 2 vol. in-4°, portrait de Caradeuc de la Chalotais, gravé par Moitte, d'après

Cochin, mar. rouge, dentelles couvrant presque les plats, tr. dor. *(Rel. anc.)*

Superbes reliures (reproduites dans l'*Album*, un peu réduites), dont les plats sont presque entièrement couverts d'une riche et large dentelle composée de grands fers, rocailles, trophées de flèches et carquois, et de petits fers. Elles sont d'une conservation parfaite.

128. Histoire des révolutions arrivées dans le gouvernement de la République romaine, par M. l'abbé de Vertot. *Paris, Guillyn,* 1767, 3 vol. in-12, mar. rouge, fil., dos ornés, tr. dor. (*Rel. anc.*)

Bel exemplaire aux armes de la COMTESSE DE PROVENCE.

129. Bibliothèque des anciens philosophes, par Dacier. *Paris, Saillant et Nion,* 1771-1776, 7 vol. in-12, mar. rouge, dent., dos ornés, tr. dor. (*Rel. anc.*)

Vie de Pythagore, ses symboles; la Vie d'Hiéroclès et ses Vers dorés. — Commentaires d'Hiéroclès sur les Vers dorés de Pythagore. — Œuvres de Platon, traduites en françois avec des remarques, 3 vol. — Le Manuel d'Épictète et les commentaires de Simplicius.

Reliures de Derome de la plus grande fraîcheur.

130. Maximes et réflexions morales du duc de La Rochefoucauld. *A Paris, de l'Imprimerie de Monsieur,* 1779, in-16, mar. rouge, larges dent. à petits fers, tr. dor. (*Rel. anc.*)

131. Almanach royal, année MDCCLXXXI (et Étrennes mignones pour la même année). *Paris, d'Houry,* 1781, 2 alm. en 1 vol. in-24, mar. blanc, comp. de mar. vert découpé, ornements argentés et rouges sous mica, gardes en tabis rose, tr. dor. (*Rel. anc.*)

Charmante petite reliure reproduite dans l'*Album*.

Au milieu des plats, un petit médaillon renfermant les

armes peintes, sous mica, de Marie Jeanne PHÉLYPEAUX DE LA VRILLIÈRE, femme de Jean Frédéric de PONTCHARTRAIN, comte de MAUREPAS, ministre de la marine; éloigné de la Cour par Mme de Pompadour, revenu en faveur sous Louis XVI et mort le 21 novembre 1781.

132. LUCIEN, de la traduction de N. Perrot, Sr. d'Ablancourt. Avec des remarques sur la traduction. *Amsterdam, Pierre Mortier,* 1709, 2 vol. petit in-8, front., port. et figures, grav. à l'eau-forte, mar. rouge, dent., dos ornés, tr. dor. (*Rel. anc.*)

Exemplaire de Goulard et de la Bibliothèque de Valençay dans une reliure de DEROME d'une grande fraîcheur.

133. Henri Corneille Agrippa de Nettesheim, sur la noblesse et excellence du sexe féminin, de sa preeminence sur l'autre sexe et du sacrement du mariage. Avec le traitté sur l'incertitude, aussi bien que la vanité des sciences et des arts, ouvrage joli et d'une lecture tout à fait agréable, traduit par le célèbre Sr. M. de Gueudeville. *Leiden, chez Théodore Haak,* 1726, 3 vol. in-12, portr. et front., mar. vert, fil., tr. dor. (*Rel. anc.*)

Exemplaire dans une bonne reliure de DEROME, provenant des bibliothèques La Bédoyère et La Roche-Lacarelle.

134. Le Moyen de parvenir (par Beroalde de Verville, avec une dissertation par La Monnoye). *A*******, 1 000 70057 (*Paris, Grangé,* 1757), 2 vol. in-12, mar. rouge, fil., dos ornés à la grotesque, tr. dor. (*Rel. anc.*)

Exemplaire, imprimé sur PAPIER DE HOLLANDE, dans une reliure d'une grande fraîcheur.

135. La Sage-Folie, fontaine d'allégresse, mère des plaisirs, reyne des belles humeurs : pour la défense

des personnes joviales, à la confusion des archisages et protomaistres. Œuvre morale, très curieuse et utile à toutes sortes de personnes. Traduitte en françois de l'italien d'Anthoine Marie Spelte, historiographe du Roy d'Espagne, par L. Garon. *A Rouen, chez Jacques Cailloué,* 1635, 2 parties en 1 vol. pet. in-12, mar. vert, filets, dos orné, tr. dor. (*Rel. anc.*)

Reliure de Derome le jeune, avec son étiquette. Exemplaire provenant de la collection Nodier.

136. Histoire des vies, meurs, actes, doctrine et mort des trois principaux heretiques de nostre temps, a sçauoir : Martin Luther, Jean Caluin et Theodore de Beze, jadis archimistre de Genève. Recueillie par F. Noel Talepied, C. de Pontoise et M. Hierosme Hermes Bolsec, docteur-médecin à Lyon. Le tout faict pour aduertir et diuertir les catholiques de ne se laisser abuser par leurs doctrines mortifères. *Jouxte la copie imprimée à Douay par Jean Bogard,* 1616, pet. in-12 de 192 ff., mar. rouge, fil., tr. dor. (*Rel. anc.*)

Reliure de Derome le jeune (avec son étiquette), de la plus grande fraîcheur.

L'exemplaire est un peu court de marges.

137. Œuvres de Jean Racine. *A Paris, de l'Imprimerie de Didot l'aîné,* 1784, 5 vol. in-18, papier vélin, mar. rouge, fil., tr. dor. (*Rel. anc.*)

De la *Collection des auteurs classiques, imprimée par ordre du Roi pour l'éducation du Dauphin.*

Reliure de Derome d'une grande fraîcheur.

138. Les Apophtegmes, ou bons mots des anciens, tirez de Plutarque, de Diogène Laerce, d'Élien,

d'Athénée, de Stobée, de Macrobe et de quelques autres. De la traduction de Nicolas Perrot, sieur d'Ablancourt. Avec un traité des stratagèmes et de la bataille des Romains, par Frontin. *Paris, Florentin et Pierre Delaulne,* 1694, in-12, front. gravé, mar. vert, pet. dent., dos orné, tr. dor. (*Rel. anc.*)

Exemplaire provenant de la bibliothèque du château de Valençay, dans une reliure très fraîche.

139. De la Puissance légitime du Prince sur le peuple et du peuple sur le Prince. Traité très utile et digne de lecture en ce temps, escrit en latin par Estienne Junius Brutus (Hubert Languet) et nouvellement traduit en françois (par F. Estienne). *S. l.* 1581, in-8°, mar. bleu, larges encadrem. dorés, dent. int. et gardes de tabis rose, tr. dor. (*Rel. anc.*)

Exemplaire de Renouard, avec son nom doré à l'intérieur et sur la reliure. Cette reliure, de DEROME LE JEUNE (avec son étiquette), est de la plus grande fraîcheur.

140. Les Contes ou nouvelles récréations et joyeux devis de Bonaventure Des Périers, valet de chambre de la Royne de Navarre. Nouvelle édition augmentée et corrigée, avec des notes historiques et critiques par de La Monnoye. *A Amsterdam, chez Z. Châtelain,* 1735, 3 vol. pet. in-12, front. gravé, mar. vert clair, fil., dos ornés de roses, tr. dor. (*Rel. anc.*)

Reliure de BOZÉRIAN, très fraîche.

141. Essai historique et patriotique sur les arbres de la Liberté, par Grégoire, membre de la Convention nationale. *Paris, Desenne,* an II, in-18 de 68 pag., mar. rouge, comp. de filets, dos orné au pointillé,

dent. int., gardes de tabis rose, tr. dor. (*Rel. de l'époque.*)

Volume imprimé à petit nombre sur papier vélin.

142. De l'Utilité de la flagellation dans la médecine et dans les plaisirs du mariage, et des fonctions des lombes et des reins; ouvrage singulier, traduit du latin de J. H. Meibomius, et enrichi de notes historiques, critiques et littéraires, d'une introduction et d'un index (par Mercier, de Compiègne). *Londres*, 1801, pet. in-8 de 100 pag., mar. vert clair, encadrem. de 5 filets avec fleuron aux angles, tr. dor. (*Rel. anc.*)

Reliure de l'époque, très fraîche.

143. Le Cabinet satyrique ou recueil de vers piquans & gaillards tirés des cabinets des sieurs de Sigognes, Regnier, Motin, Berthelot, Maynard & autres des plus signalez poëtes. *Au Mont Parnasse* (*Hollande, vers* 1700), 2 vol. pet. in-8°, mar. La Vall., encadrement de 4 filets, tr. dor.

Bonne reliure du commencement du XIXe siècle.

144. Œuvres d'Étienne Pavillon, de l'Académie françoise, considérablement augmentées dans cette nouvelle édition. *Amsterdam, chez Zacharie Châtelain*, 1750, 2 vol. pet. in-12, mar. bleu à longs grains, encadrement de fil. et de feuillages, dos ornés, doublés de moire rouge, tr. dor.

Joli exemplaire de Pixerécourt dans une reliure de Lefèvre, très fraîche.

145. Le Tableau de la Vie & du Gouvernement de Messieurs les cardinaux Richelieu & Mazarin & de

Monsieur Colbert, représenté en diverses satyres & poésies ingénieuses; avec un Recueil d'épigrammes sur la vie & la mort de Monsieur Fouquet & sur diverses choses, qui sont passées à Paris en ce temps-là. *A Cologne, chez Pierre Marteau,* 1693, pet. in-8, mar. bleu foncé, à longs grains, dent., dos orné, doublé de tabis rose, tr. dor. (*Lefèvre.*)

Reliure très fraîche.
Bonne édition, la plus belle de cette satire.

146. Œuvres choisies de Piron. Édition stéréotype d'après le procédé de Firmin Didot. *Paris,* 1810, 2 vol. in-16, mar. bleu à longs grains, dent., dos ornés, doublés de tabis rouge, tr. dor. (*Lefèvre.*)

147. Entretiens de Phocion, sur le rapport de la morale avec la politique, par Mably. *Paris, A. Renouard,* 1804, in-16, portrait de Mably, mar. bleu à longs grains, dent., dos orné, doublé de tabis rouge, tr. dor. (*Lefèvre.*)

148. Œuvres choisies de Houdart de Lamotte. Édition stéréotype d'après le procédé de Firmin Didot. *Paris,* 1811, 2 vol. in-16, mar. bleu à longs grains, dent., dos ornés, doublés de tabis rouge, tr. dor. (*Lefèvre.*)

149. Il Decameron di Messer Giovanni Boccacci, cittadino fiorentino. Si come lo diedero alle stampe gli SS[ri] Giunti l'anno 1527. *In Amsterdamo,* 1665, in-12, mar. rouge à longs grains, fers à froid, fil. et grand compart. dor., dont les coins sont ornés d'un semis de petits points dorés, au milieu du compart., composition de fleurons dorés, dos orné, doublé de

soie bleue avec dent., grand encadrement de mar. rouge, gardes de soie bleue avec dent., tr. dor.

Curieuse reliure de COURTEVAL (avec son étiquette), très fraîche.

150. L'Enfant prodigue, poëme en IV chants, par M. Campenon. *Paris, Delaunay*, 1811, in-8° papier vélin, mar. rouge à longs grains, dent., dos orné tr. dor.

Reliure de l'époque.

151. Réflexions ou sentences et maximes morales de La Rochefoucauld, avec un examen critique par L. Aimé-Martin. *Paris, Lefèvre*, 1822, 2 part. en 1 vol. in-8°, port., veau fauve, fil. dor., tr. dor.

Reliure de l'époque dont les plats imitent le maroquin à longs grains; le dos est poli.

152. Dionomachia, poemetto eroi-comico di Salvador Viale. Seconda edizione notabilmente corretta, accresciuta ed illustrata. *Parigi, presso P. Dufart*, 1823, 8°, mar. rouge, large encadrement doré, milieu à froid et doré, dos orné, doublé de veau bleu avec large encadrement de mar. rouge, dentelle, tr. dor.

Curieuse reliure de l'époque.

153. Discipline de Clergie. Traduction de l'ouvrage de Pierre Alphonse. — Le Chastoiement d'un père à son fils. Traduction en vers français de l'ouvrage de Pierre Alphonse. *Paris, Rignoux*, 1824, 2 vol. pet. in-8, mar. rouge à longs grains, plats et dos ornés de fil. dor. et de fers à froid, doublé de tabis bleu, tr. dor.

Publication de la Société des Bibliophiles français. Reliure de l'époque, très fraîche.

154. L'Occasion et le moment, ou les petits riens, par un amateur sans prétention (par Mérard de St-Just). *A La Haye et se trouve à Paris, chez Jombert jeune*, 1782, 4 tom. en 1 vol. in-18, mar. citron à longs grains, fil. dor., dent. à froid, fleurons noirs, tr. dor. (*Thouvenin.*)

155. Les Saisons, poëme (et œuvres mêlées), par Saint-Lambert. *Paris, Imp. de Pierre Didot l'aîné*, 1795, 2 vol. pet. in-12, mar. rouge à longs grains, fil. dor. et dent. à froid, dos ornés, tr. dor. (*Thouvenin.*)

Joli exemplaire imprimé sur PAPIER VÉLIN.

156. L'AMINTE, pastorale du Tasse, imitée en vers français, par Baour de Lormian. *A Paris, chez Klostermann fils, s. d.*, in-16, mar. orange, encadrem. de filets, milieu orné et mosaïque de mar. rouge, dos orné et mosaïqué, tr. dr.

Charmante reliure de THOUVENIN, de la plus grande fraicheur. Titre gravé, frontispice de *Desenne*, gravé par *Roger*, 5 figures non signées avant la lettre.

On a ajouté la figure de *Prudhon*, gravée par *Roger*, pour l'édition de l'*Aminte*, publiée en 1800 par Renouard.

157. ŒUVRES DE MONTESQUIEU, ses éloges par d'Alembert et M. Villemain, les notes d'Helvetius, de Condorcet et de Voltaire, suivies du commentaire sur l'Esprit des lois, par M. le comte Destutt de Tracy, pair de France. *Paris, Dalibon*, 1822, 8 vol. in-8, mar. violet, encadrement de fil. dorés, grand milieu à froid, dos ornés et mosaïqués, tr. dor.

Belle reliure de THOUVENIN, d'une grande fraîcheur.

158. Œuvres de M. le comte Xavier de Maistre. *Paris, Dondey-Dupré*, 1825, 3 vol. in-18, mar. violet très foncé, fil. dorés et plaque à froid, dos ornés, tr. dor.

Charmante reliure de Thouvenin de la plus grande fraîcheur. De la bibliothèque du docteur Abel Giraudeau.

159. Explication des ouvrages de peinture, sculpture, architecture et gravure des artistes vivants, exposés au Musée royal du Louvre, le 24 Avril 1822. *Paris, Ballard*, 1822, in-12, mar. rouge à longs grains, dent., dos orné, tr. dor. (*Rel. anc.*)

Exemplaire aux armes du roi Louis XVIII.

160. Poésies diverses d'Antoine Rambouillet de La Sablière et de François de Maucroix, et hommages poétiques à La Fontaine. Avec les vies de La Sablière et de Maucroix, des notes et des éclaircissements par C. A. Walckenaer. *Paris, Nepveu,* 1825, in-8, mar. bleu, fil. dorés, dent. et milieu à froid, dos orné, tr. dor. (*Martin.*)

Bonne reliure de l'époque.

LIVRES EN TOUS GENRES

LIVRES EN TOUS GENRES

---

161. Les Provinciales ou les lettres escrites par Louis de Montalte (Blaise Pascal) à un provincial de ses amis et aux RR. PP. Jésuites sur le sujet de la Morale et de la Politique de ces Pères. *A Cologne, chez Pierre de la Vallée,* 1657, in-4, mar. brun, tr. dor. (*Capé.*)

Bel exemplaire de l'édition originale des 18 lettres de Pascal, avec le titre.

162. Lettres chrestiennes et spirituelles de Messire Isaac Louis Le Maistre de Sacy. *Paris, Guillaume Desprez,* 1690, 2 vol. in-8, mar. rouge, compart. de fil. à la Du Seuil, dos ornés, tr. dor. (*Rel. anc.*)

163. Caractère ou portrait de l'honnête homme chrétien, avec des pensées & des réflexions ingénieuses & morales, par Monsieur le Prieur de S. Hilaire. *Paris, Nicolas Couterot,* 1697, in-12, réglé, mar. rouge, fil. à la Du Seuil, dos orné, tr. dor. (*Rel. anc.*)

---

164. Oraison funèbre de Henriette Marie de France, reine de la Grand'Bretagne. Prononcée le 16 Novembre 1669, en l'Église des Religieuses de Saincte Marie de Chaillot, par Monsieur l'abbé Bossuet, nommé à l'Evesché de Condom. *Paris, Sebastien Mabre-Cramoisy,* 1669, in-4, mar. bleu, fil., tr. dor. (*Chambolle-Duru.*)

Édition originale.

165. Oraison funèbre de Henriette Anne d'Angleterre, duchesse d'Orléans, prononcée à Saint-Denis le 21 jour d'Aoust 1670, par Messire Jacques Benigne Bossuet. *Paris, Sébastien Mabre-Cramoisy*, 1670, in-4, mar. bleu, fil., tr. dor. (*Chambolle-Duru.*)

Édition originale.
Petit raccommodage dans la marge du titre.

166. Oraison funèbre de Marie Terese d'Austriche, Infante d'Espagne, reine de France et de Navarre, prononcée à Saint Denis le premier de septembre 1683, par Messire Jacques Benigne Bossuet, evesque de Meaux. *Paris, Sébastien Mabre-Cramoisy*, 1683, in-4, mar. rouge jans., tr. dor. (*Trautz-Bauzonnet.*)

Édition originale.

167. Éloge funèbre de très haut... Henri de Bourbon, prince de Condé, prononcé à Paris le 10 jour de décembre 1683, en l'Eglise de la Maison professe des Pères de la Compagnie de Jésus, par le Père Bourdaloue, de la mesme compagnie. *Paris, Sébas-*

tien Mabre-Cramoisy, 1684, in-4, mar. rouge jans., tr. dor.

Édition originale.
Bel exemplaire.

168. Oraison funèbre de Très-Haute et Très Puissante Princesse Anne de Gonzague de Cleves, Princesse Palatine, prononcée en présence de Monseigneur le Duc, de Madame la Duchesse, et de Monseigneur le Duc de Bourbon, dans l'Eglise des Carmélites du Fauxbourg Saint Jacques, le 9 Aoust 1685, par Messire Jacques Benigne Bossuet. *Paris, Sébastien Mabre-Cramoisy*, 1685, in-4, mar. brun jans., dent. int., tr. dor. (*Chambolle-Duru.*)

Édition originale.
On a ajouté à l'exemplaire un brouillon autographe de Bossuet, formant 2 pages pet. in-4.

169. Oraison funèbre de Messire Michel Le Tellier, chevalier, chancelier de France, prononcée dans l'église paroissiale de Saint-Gervais, le 25 Janvier 1686, par Messire Jacques Benigne Bossuet, evesque de Meaux. *Paris, Sébastien Mabre-Cramoisy*, 1686, in-4, mar. rouge jans., tr. dor. (*Chambolle-Duru.*)

Édition originale.

170. Oraison funèbre de très haut et très puissant prince Louis de Bourbon, prince de Condé, premier prince du sang, prononcée dans l'Eglise de Nostre-Dame de Paris le 10 jour de mars 1687, par Messire Jacques Benigne Bossuet, evesque de Meaux. *Paris, Sébastien Mabre-Cramoisy*, 1687, in-4, mar. rouge, fil. à froid, tr. dor. (*Chambolle-Duru.*)

Édition originale.
Exemplaire Guy-Pellion.

171. De l'Usage des Romans, où l'on fait voir leur utilité & leurs différens caractères : avec une bibliothèque des romans, accompagnée de remarques critiques sur leur choix & leurs éditions, par M. le C. Gordon de Percel. *Amsterdam,* 1734, 2 vol. in-12, mar. rouge, fil., tr. dor. (*Rel. anc.*)

172. Œuvres diverses de M. L. de Chaulieu (et de La Fare). *Amsterdam, Zacharie Châtelain,* 1733, 2 vol. in-8, mar. bleu, fil., dos ornés, tr. dor. (*Rel. anc.*)

Exemplaire de Madame de La Borde, avec son ex-libris à l'intérieur des volumes.

173. Œuvres complètes de M. l'abbé de Voisenon, de l'Académie françoise. *Paris, Moutard,* 1781, 5 vol. in-8, portrait, mar. rouge, fil., dos ornés, tr. dor. (*Rel. anc.*)

Exemplaire de Pixerécourt.

On y a ajouté une lettre autographe de Voisenon, 1 page in-8.

---

174. Les Annales de Tacite (traduction Perrot d'Ablancourt). *Paris, Vve Camusat,* 1640, *et Antoine de Sommaville,* 1644, 2 vol. pet. in-8, mar. rouge, compart. de fil. à la Du Seuil, dos ornés, tr. dor. (*Rel. anc.*)

La reliure du second volume, qui a paru quatre ans après le premier, est un peu différente comme fers.

De la bibliothèque du baron de Saint-Geniès.

175. Recueil des Roys de France, leurs couronne et maison, ensemble, le rang des grands de France par Jean du Tillet, sieur de La Bussière... En ceste der-

nière édition, ont été adjoustez les mémoires du dit sieur sur les privilèges de l'église Gallicane, etc. *A Paris, chez Jean Houzé.* 1602, in-4, mar. rouge, fil. à comp., couronne de feuillage au milieu des plats, tr. dor. (*Rel. anc.*)

Bel exemplaire réglé, figures, sceaux et blasons, gravés sur bois.

176. La Vie de Jean Baptiste Colbert, ministre d'État sous Louis XIV (par Sandras de Courtilz). *Cologne,* 1695, in-12, front. gravé, mar. rouge, dos orné, tr. dor. (*Rel. anc.*)

ORDRE DES VACATIONS

PREMIÈRE VACATION

Le Mercredi 4 Mars 1903

	Numéros.
Livres en tous genres	161 à 176
Reliures du xviiie siècle	118 à 160
Livres illustrés du xviiie et du xixe siècle (*Chansons* de Piis. — *Monument du Costume*. — Béranger)	59 à 94
Livres illustrés du xviiie siècle (*Métamorphoses d'Ovide*. — *Baisers* de Dorat) . . .	56 à 58

DEUXIÈME VACATION

Le Jeudi 5 Mars 1903

Livres illustrés des xvie et xviie siècles . .	21 à 39
Livres illustrés du xviiie siècle (*Sacre de Louis XV*. — *Molière*, fig. de Boucher. — *Fables de La Fontaine*, fig. d'Oudry. — *Contes de La Fontaine*, édition des fermiers généraux)	40 à 55

	Numéros.
LIVRES ILLUSTRÉS DES XVe ET XVIe SIÈCLES (*Heures* de Pigouchet, Simon Vostre, G. Tory. — *Tewrdannckh.* — *Champfleury.* — Holbein. — *Songe de Poliphile.* — *Marguerites de la Marguerite.* — *Entrée de Henri II à Paris*).	2 à 20
RELIURES DES XVIe ET XVIIe SIÈCLES (*Liber de Providentia Dei*, ex. de GROLIER. — *Discorsi di Nobilta*, ex. de MAÏOLI. — *Ovide*, ex. de CANEVARIUS. — *Aulus Gellius*, ex. de MARGUERITE DE VALOIS. — *Officium B. Mariæ Virginis*, reliure de Le Gascon. — *Thesaurus absconditus*, ex. du Chancelier SÉGUIER).	95 à 117
HEURES DE MARGUERITE DE ROHAN, COMTESSE D'ANGOULÊME	1

IMPRIMÉ

PAR

PHILIPPE RENOUARD

19, rue des Saints-Pères

PARIS

CERCLE DE LA LIBRAIRIE

117, Boulevard Saint-Germain

Madame Renée Pingrenon

Femme de Lettres

vous prie d'honorer de votre présence

la Conférence

qu'elle fera le

Vendredi 20 Février 1903

à 8 h. 1/2 du soir, sur

LES LIVRES ORNÉS ET ILLUSTRÉS EN COULEUR

Entrée pour DEUX Personnes

Les Dames sont admises

Les Livres ornés
& Illustrés en Couleur

++++++++++++++

SOMMAIRE

Renée Pingrenon

Femme de Lettres

Revue du Bien
REVUE BIBLIO-ICONOGRAPHIQUE
REVUE DES INDUSTRIES DU LIVRE
LA RELIURE. — LE RELIEUR
La Fonderie typographique

13, Rue de l'Abbé Grégoire (6e)
Le Vendredi, de 3 à 6 h.

15 avril 6

www.ingramcontent.com/pod-product-compliance
Ingram Content Group UK Ltd.
Pitfield, Milton Keynes, MK11 3LW, UK
UKHW021212220726
13924UKWH00003B/1477